Cool Golf

Basic Lesson
はじめてのゴルフレッスン

Authored by

Shinichi Arai

新星出版社

います。しかし、そのステップを間違えてしまうと、どんどん深みにはまってしまいます。

ゴルフはスコアを競うスポーツですが、一緒にプレーしている同伴者があなたの邪魔をすることはありません。つまり、最大の敵はあなた自身と言い換えることもできます。

本書では、上達に役立つ「ゴルフの感覚」を磨くステップを紹介していきます。悪い癖がつく前に正しい順序で練習することで、「ゴルフの感覚」に磨きがかかります。

せっかくゴルフを始めたのですから、できるだけ時間をかけずに上達して、ゴルフ本来の楽しさを味わいましょう。

Introduction

ゴルフのセンスを身につけて効率よく上達しよう!!

ゴルフを楽しんでいるのは始めた人の10人に1人しかいないってホント?

ゴルフをやり始めた初心者の10人に9人は、何らかの理由でゴルフをやめてしまうそうです。忙しくて練習をする時間がなく、なかなか上達しないという理由が多いようです。

おそらく、やめてしまった人のほとんどが、ゴルフの本当のおもしろさを知らずにやめてしまっているのです。それは、本当にもったいない話です。

ゴルフが楽しく感じるのは、スコアが118以下になってからと言われていますが、一般的なアマチュアゴルファーが自力で118を切るのに約2年半かかるとも言われています。

確かに上達するのにそこまで長い時間がかかってしまうのでは、多くの人はやめてしまうことでしょう。でも、中にはわずか数ヶ月で100を切れる人もいます。上達が早い人と2年以上かかってしまう人との違いは何でしょう?

「センス」を高める練習が上達への最短距離になる!!

上達のスピードは、その人の「センス」によって異なるのは事実です。ただし、それは生まれもってのものではありません。誰もが練習で身につけることができるのです。

もっとも上達を妨げる要因は、皆さんの「勘違い」にあります。

これだけ情報があふれた社会ですから、ゴルフの練習に関してもさまざまな選択肢があります。おそらく、そのほとんどは間違ったことではないと思

CONTENTS

Chapter 2

初心者は打たない方が早く上達!?

CONTENTS

Chapter 3

CONTENTS

Chapter 1

最初に知っておきたい

スイング以前のA.B.C.

クラブって何本もあるけど一体、何本あればいいの？

ゴルフを始めようと思ったときに、まず必要になるのがゴルフクラブです。周りのゴルファーたちが大きなゴルフバッグにたくさんのクラブを入れてコースや練習場に行くのを見かけます。

競技規則では、ゴルフバッグには最大14本まで入れていいことになっています。しかし、その内容は定められておらず、人それぞれに自分の使いやすいクラブを入れています。

初心者の場合は、自分のプレースタイルなどできていなくて当然。実際にクラブを買うのは、もっと慣れてきてからでかまいません。とりあえず、ゴルフを始めるに当たって、クラブの種類にどのようなものがあるかを覚えておくといいでしょう。

ゴルフクラブは、ヘッドの形状によって、その役割が変わります。ヘッドの形状は、大まかにウッド、アイアン、パターの3種類に分類されます。

まずは、それぞれの形状の特性を知っておきましょう。

ゴルフクラブのヘッドの形状

ヘッドの形状は、ウッド、アイアン、パターの3種類に大きく分類される。それぞれの形状の特性と、それに分類されるクラブの種類を覚えておこう。

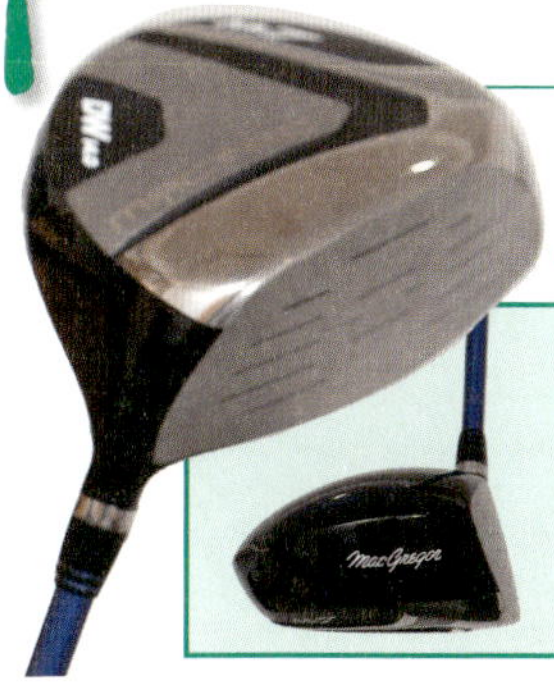

1 ボールを遠くに飛ばすクラブ

Wood

ウッド

ドライバー、フェアウェイウッド、ユーテリティなど、クラブの先(ヘッド)が大きいクラブ。

ヘッドが大きいぶん、インパクトでボールを押し出す力が強くなる。他のクラブに比べて、シャフトも長めで遠心力を使って遠くに飛ばすためのクラブ

2 飛距離を調整するクラブ

Iron

アイアン

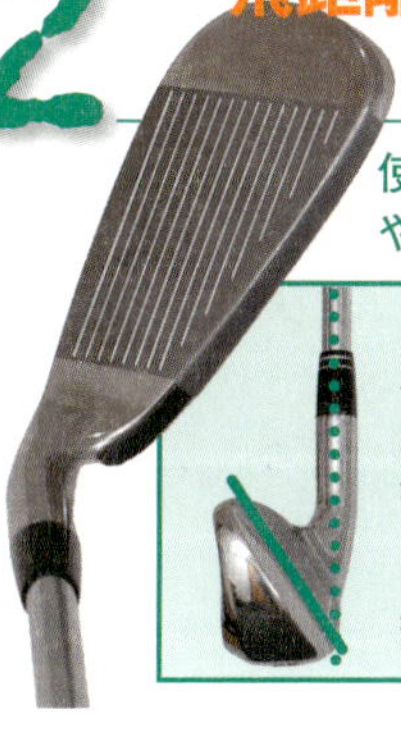

使用する番手によって飛距離や飛び方を調節するクラブ。

ウッドに比べてヘッドが小さく、番手が大きくなるにつれてボールが当たる面(フェース)が斜めになり、長さも短くできている。ボールをフェースに乗せて飛ばすため、クラブを換えることで、スイングを変えずに飛距離を調節できる

3 ボールを転がすクラブ

Putter

パター

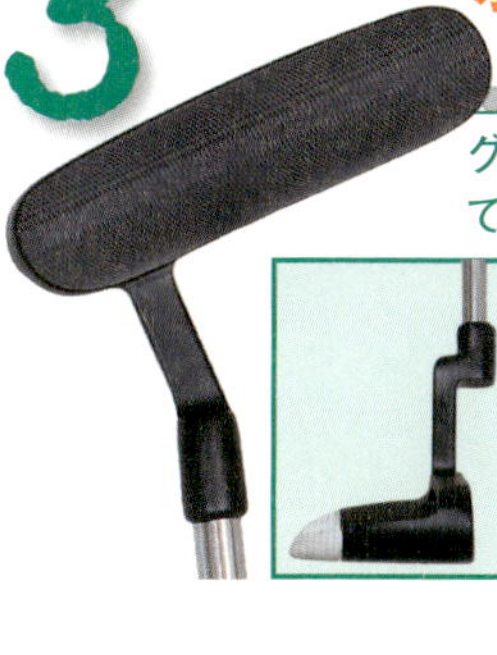

グリーン上でボールを正確に転がしてカップに入れるためのクラブ。

ボールをまっすぐに打ち出すためにフェースは垂直に近く、特殊なものを除けば、操作性をよくするためにシャフトは短めにできている。ヘッドの形状には色々なものがある

飛距離や飛び方はクラブの「長さ」と「ロフト」で変わる!!

ゴルフクラブは、ボールを打つ部分「ヘッド」、ラブの握る部分「グリップ」、ヘッドとグリップをつなぐ「シャフト」の3つの部分に分けることができます。

そして、ヘッドのボールを打つ面「フェース」が、垂直から傾いている角度を「ロフト」と呼びます。

ゴルフでは、スイングから生まれる遠心力に加えて、シャフトがムチのようにしなって戻ることで、インパクト時のヘッドスピードが速くなり、ボールを遠くに飛ばします。

「ウッド」の中でも、とくにドライバーは、ロフトが小さく（垂直に近い）、シャフトが長いため、大きな遠心力を使ってインパクトすることができます。

「アイアン」は、番手が大きくなるほどロフトが大きくなります。ロフトが大きいほど、打球は高く上がり、飛距離は出なくなります。番手が大きいほど、クラブは短くなるのが普通です。

「パター」は、打感の好みに合わせて、ヘッドの大きさや形状も様々です。

クラブの長さと各部の名称

ゴルフクラブの握る部分を「グリップ」、ボールを打つ部分を「ヘッド」、グリップとヘッドをつなぐ部分を「シャフト」と呼ぶ。

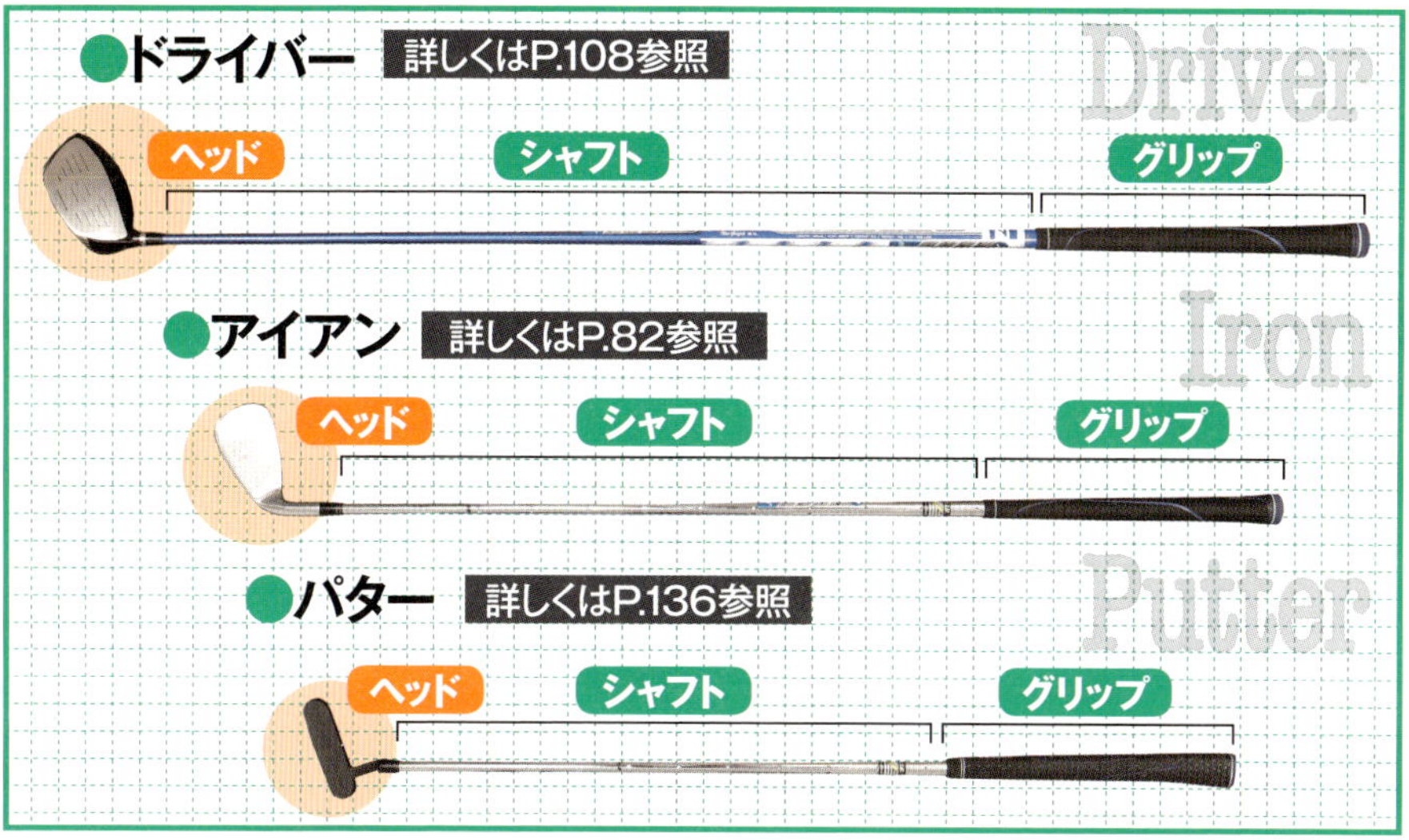

「ロフト」の役割って何？

「ロフト」とは、垂直から見たボールを打つ面の傾斜角度。インパクトでフェースにボールが乗るから、クラブを替えることで飛距離やボールの上がり方を調整できる。

ロフトを生かしたインパクト

見落としがちな
あるある注意点

フェースを立てるとまっすぐに見える

まっすぐにインパクトできそうに見えるが、ロフトが生かせずに飛距離をコントロールできなくなる

クラブの特性と役割を知って必要なクラブを入れておこう

最大14本まで使用できるクラブ。その組み合わせを「クラブセッティング」と呼ぶ。
しかし、クラブセッティングは人それぞれ。最初から14本は必要ないが、
その中身にどのようなものがあるかを知っておくことは大切だ。

Fairway Wood

フェアウェイウッド

番手によってロフトが異なるウッド。同じ番手のアイアンに比べてシャフトが長く飛距離も出る。ヘッドが大きいため、アイアンよりダフり（地面に刺る）にくいのが特徴

Irons

ショートアイアン

8番アイアン、9番アイアン、ウェッジ。シャフトが短く、ロフトが大きいので安心して打てるクラブ。球が上がりやすく、グリーン周りのショートゲームやラフなどで使用される

Wedge

ウェッジ

ショートゲームに役立つクラブでロフトが約43～48°のピッチングウェッジ、約56～58°のサンドウェッジに代表される。クラブのソール部分にバンスと呼ばれる角度がついている。他にも、その間を埋めるためのアプローチウェッジやピッチングサンド、さらに高い球を打つためのロブウェッジなどがある

ドライバー Driver

14本のクラブの中で、もっともシャフトが長く、ヘッドが大きいクラブ。ロフトが小さいため、通常はティアップしてティショットに使用する。ドライバーにもロフトがあり垂直面より10.5度前後のものが平均的とされている。ロフトが小さくなるほどヘッドスピードが必要となり、大きくなるほどボールは捕まりやすいが飛距離は出にくくなる

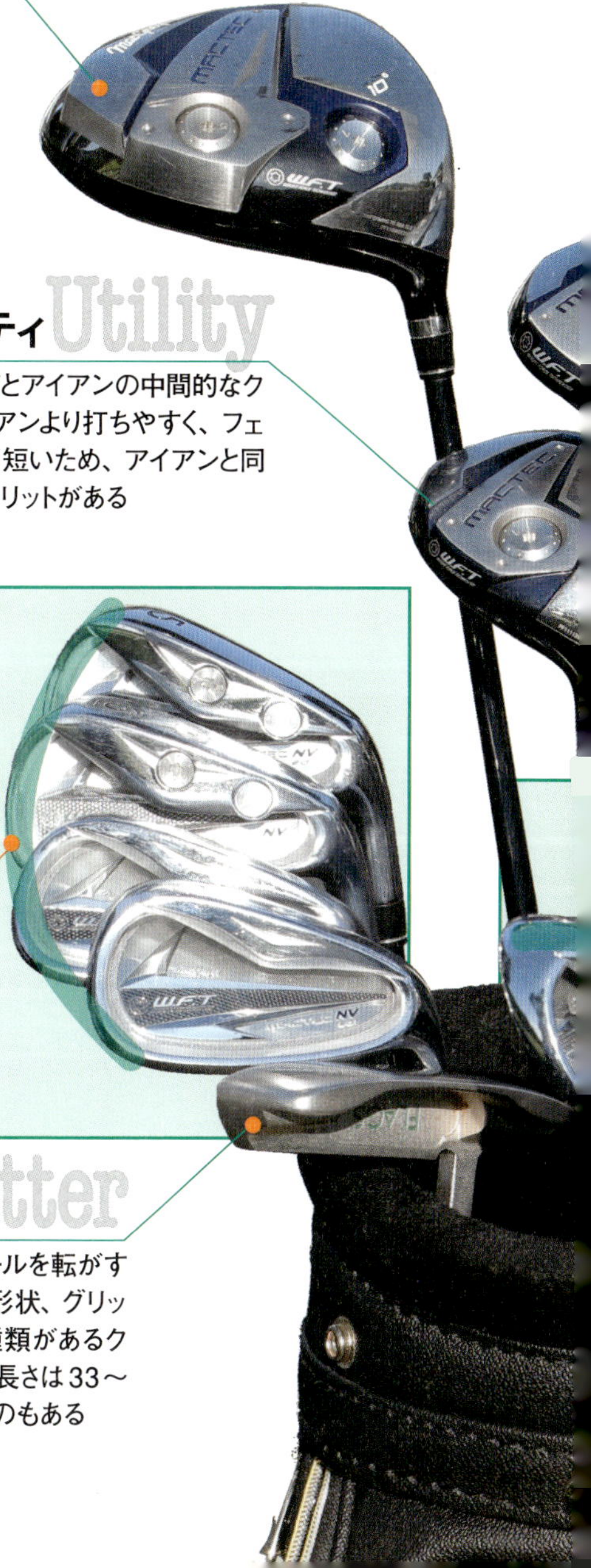

ユーティリティ Utility

フェアウェイウッドとアイアンの中間的なクラブ。ロングアイアンより打ちやすく、フェアウェイウッドより短いため、アイアンと同じ感覚で打てるメリットがある

Irons

ロングアイアン

1番～4番のアイアン。低い弾道で風の影響を受けにくいため、方向性が安定するメリットがある反面、正確にインパクトするのが難しい上級者向けのクラブ

ミドルアイアン

5番～7番のアイアン。すべてのクラブの平均的なシャフトの長さなので、スイングメイクの基準となるクラブ

パター Putter

グリーン上でストロークをしてボールを転がすためのクラブ。ヘッドやネックの形状、グリップ、素材など、もっとも多くの種類があるクラブ。一般的な男性用パターの長さは33～35インチだが、中尺や長尺のものもある

楽々ゴルフのススメ

7 初心者ならばフルセットは不要!
本あればラウンドできる!

ゴルフを始めたばかりなのに、いきなり14本のセットを揃えるとなると「敷居が高い」と感じる人も多いことでしょう。

初心者のうちは、スイングもまだ固まっていないため、どんなクラブが自分のスイングに合っているか、どんなクラブセッティングが自分のプレースタイルに合っているかなどわかりません。ましてや、ゴルフが長続きするかも怪しいところです。

そこで、最近注目されているのが「セブンスゴルフ」です。7本のセットであれば、価格もお手頃で、フルセットに比べて持ち運びもかんたんになります。

スイングの安定していない初心者にとって、番手通りに飛距離を打ち分けることは非常に難しいことです。7本あれば、おおよその打ち分けは可能です。

まずは「お試しセット」で手軽に始めて、自分のスタイルができたら、クラブを追加したり、ハイスペックのクラブを購入するといいでしょう。

初心者ならば、この7本があればほぼ大丈夫!!

「ゴルフを始めるのに、フルセットを買うのはちょっと・・・」と思う人も多いはず。
そんな初心者ゴルファーにオススメしたいのが7本セット。
ここでは、初心者に推奨されるクラブセッティングを紹介しよう。

ウッド Wood

ドライバー、ユーティリティもしくはフェアウェイウッドの2本。スイングが確立できていない初心者の場合、アイアンの感覚に近いユーティリティがお勧め。ここでは、4～5番アイアンに相当する24°のセッティングを紹介

パター Putter

パターは好みが人それぞれ。最初の1本は一般的なマレットタイプかピンタイプを試してみるのがいいだろう。ここではマレットを使用

アイアン Iron

スイングの基準となる7番アイアンと9番アイアンの2本あれば距離を打ち分けられる

ウェッジ Wedge

ピッチングウェッジとサンドウェッジの2本。9番アイアンを入れているのでピッチングウェッジは48°程度のものを使用

上達するほど忘れがち

スイング以前の3つの常識

「さあ、ゴルフを始めよう」と、早速、素振りを数回してボールを打っても、まっすぐに打てる人は少ないことでしょう。野球やテニスなどの経験者で、スイング動作に慣れている人でも、なかなか思い通りにはいかないはずです。

それは、ゴルフではゴルフ独特の体の使い方が必要だからです。

止まっているボールを打つだけの動作と思いがちですが、そこに大きな落とし穴があるのです。何回か素振りをして、何となくスイングの感覚ができたとしても、ボールを置くと同じスイングができなくなってしまうのです。

その原因は「メンタル」です。打ちたいという気持ちがスイングのフォームを乱し、それを修正しようとすることでどんどん深みにはまって、上達の妨げとなるのです。

この「負のスパイラル」に陥らないために、メンタルに左右されない基本を体に身につけておくことが上達への近道となります。

1 姿勢

ゴルフスイングの基本は姿勢。まずは正しい姿勢を身につけよう

足の位置を動かさずに、その場でスイング動作を行うゴルフでは、スイングを開始する前の姿勢が非常に大切になる。体の向きはもちろん、もともとの重心バランスが悪いだけでも、体を動かしたときに大きな影響を及ぼす。

スイングをマスターする前に、姿勢の乱れを正し、ズレの少ないアドレスのつくり方をマスターしておこう。

バランスの乱れは体を動かすと大きく表れる

2 グリップ

クラブの握り方ひとつでスイング軌道に大きく変わる

正しい姿勢、正しい体の使い方をおぼえても、クラブの握り方が悪いと、無意識のうちに肩や腕に余計な力が入って、スイングが乱れてしまう。たとえ手もとの小さなズレであっても、シャフトの先端についたフェースの向きは大きく変わる。

とはいえ、ボールを打つとなると誰もが力んでしまうのは当たり前。正しいグリップを身につけることが上達の近道と言える。

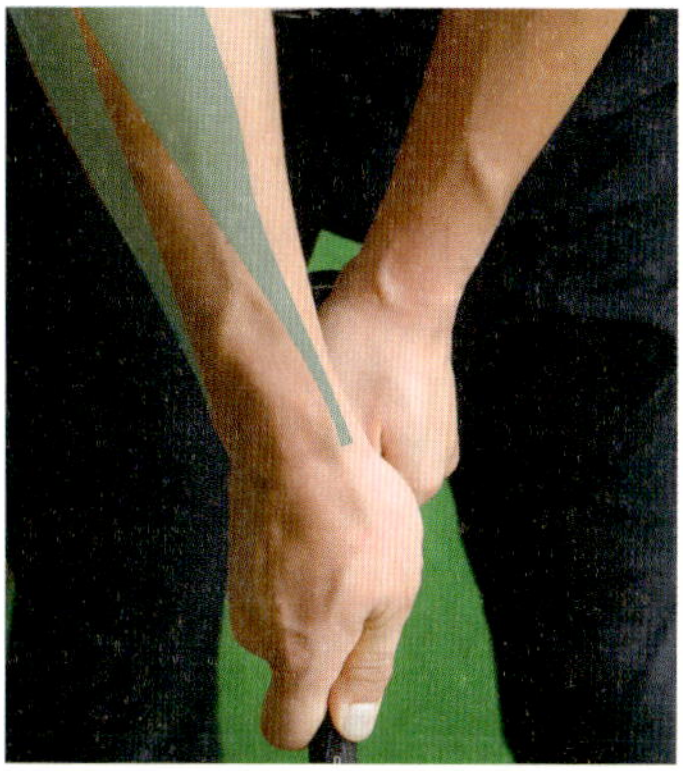

ギュッと握ってしまうと腕の筋肉に力が入る

3 フェースの向き

フェースの向きがズレていたらまっすぐ飛ばないのは当たり前

ゴルフクラブのフェースは小さく、シャフトも長いため、小さな方向のズレが打球に及ぼす影響は非常に大きい。

しかも、もともとボールを打ち出す向きに対して、フェースが垂直になるようにデザインされていないため、感覚的な見た目のまっすぐと実際のまっすぐの差が生じやすいのも事実。

視覚に惑わされず、手の感触で正しいフェースの向きを覚えておくことが大切だ。

見た目のまっすぐで構えるとズレていることも

目標に対して「横向き」なのが「ゴルフのまっすぐ」の姿勢

ゴルフスイングは、打ちたい方向に向かって横向きに立ってスイングします。

横向きのスイングということで、野球とよく比較されますが、野球の場合はピッチャーが投げたボールを打ち返すため、最初は顔をピッチャーに向けた姿勢からのスイングとなります。

一方、ゴルフの場合は、目の前に止まっているボールを打つため、顔も前に向ける必要はありません。

また、野球の場合は前方約90度の範囲に広がるフェアグラウンドに打ち返せばいいのに対して、ゴルフではもっと正確にコースに打ち出すスイングが求められます。

つまり、少しでもスイングのブレがあると、打球に大きな影響を及ぼしてしまいます。スイング中のブレを最小限にするには、スイング動作をしても乱れない「安定した姿勢」をつくる必要があります。その第一歩となるのが「体の向き」です。まずは、ゴルフのまっすぐの感覚を身につけましょう。

見落としがちな
あるある注意点

目標が右にあるように見えても 打ち出し方向に平行に立つのが正解

胸のライン、腰のラインが 打ち出し方向と平行になるように ボールの横に立つのが基本

ボールを打ち出したい方向に対して横向きに立つと、ボールを置いた位置と目線の位置が異なるため、無意識に右向きに立ってしまう人も多い。

しかし、そんなときは線路をイメージしてみよう。打ち出し方向に向かって体も平行に立つことで、目標に向かってまっすぐスイングできるとわかるだろう。

NG

目先の目標を基準に立つと右を向いてしまう。このままスイングすればボールは右に飛ぶ

重心バランスのいい姿勢がブレないスイングを実現する

その場で止まって、目の前に置いたボールを打つゴルフスイングの基本となるのが「姿勢」です。

スイング動作は、足の位置を動かさずにその場で行う円運動です。重心の位置が前後左右にズレていると、動作の中でバランスを崩しやすくなります。

ましてや、ゴルフ場では平らなところはほとんどありません。

一見、どこも水平に見えるティグランドでさえも、微妙に傾斜していることも少なくありません。たとえ微妙な傾斜であっても、「重心のバランス」が少しでも乱れていたら、複雑なスイング動作の中では、それが大きなズレとなって表れます。もちろん、そのままでは安定したスイングはできません。

自分ではバランスよく立っているつもりでも、日ごろの癖や関節の柔軟性などの理由で、重心のバランスが乱れていることは意外と多いものです。

まずはバランスのいい姿勢を覚えましょう。

その場でジャンプした後の着地の姿勢がもっとも重心バランスがとれている

バランス感覚は日常生活の中で乱れていることが多いもの。そこで、重心のバランスのとれた正しい姿勢を確認するために、その場で真上にジャンプしてみよう。

着地した瞬間は、空中で不安定になったところから、無意識にバランスを整える。これが重心のバランスがとれた姿勢ということができる。

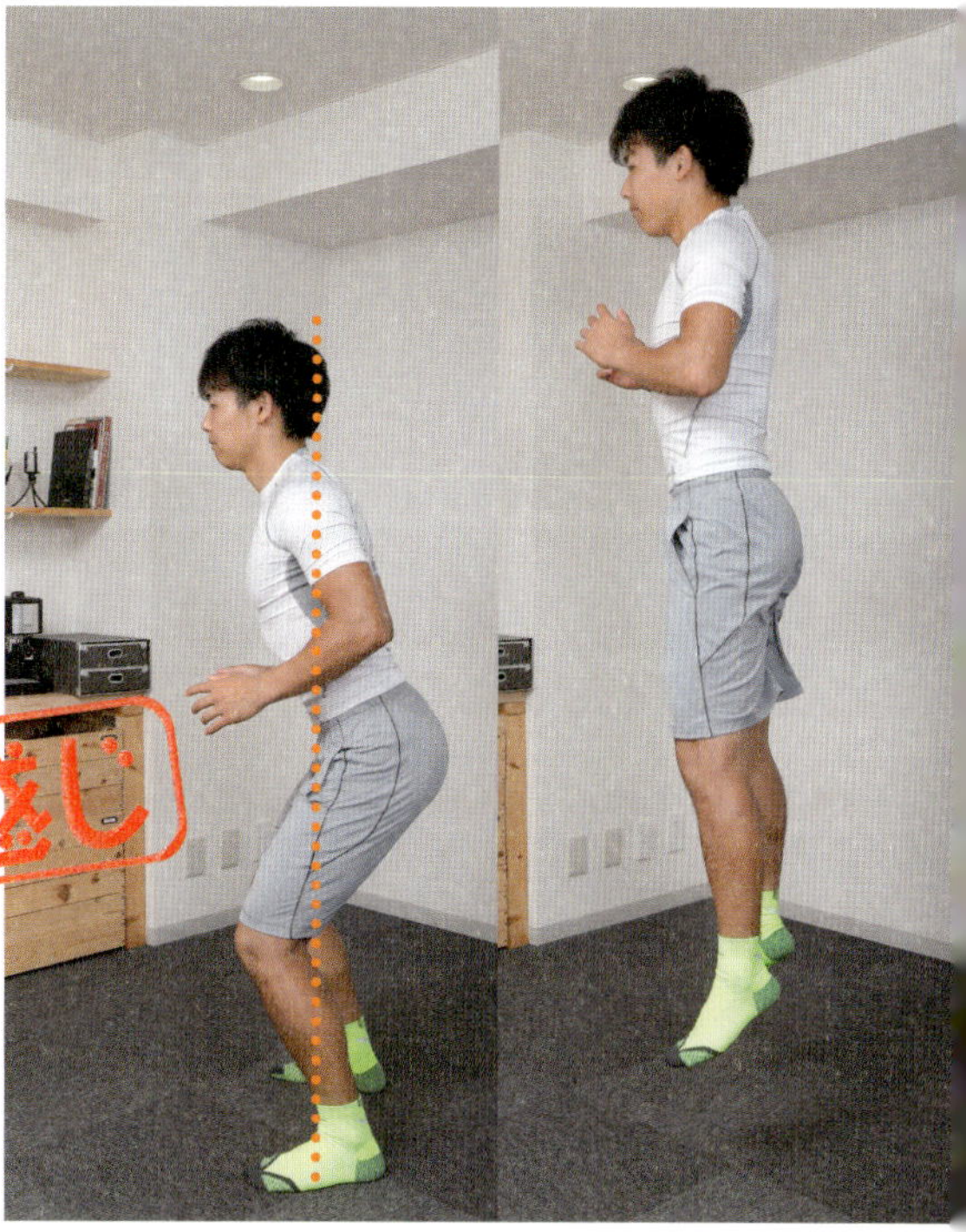

ひざを軽く曲げ、上体を前傾させるのがゴルフの姿勢。このときに重心のバランスが乱れやすくなる

日ごろの姿勢と「意識」の持ち方がゴルフスイングに大きく影響する

その場でジャンプしたときに、着地で前後にバランスを崩してフラついてしまう人は、ゴルフでも姿勢が乱れやすくなる。

それ以外にも、ボールへの意識が強いとボールの距離が近くなり、強くスイングする意識が強いと上体が立ってしまうので注意しよう。

NG つま先荷重で前にバランスを崩す

もともとつま先荷重の人は前にバランスを崩しやすい。また、ボールを打つ意識が強いと徐々に前傾がきつくなる

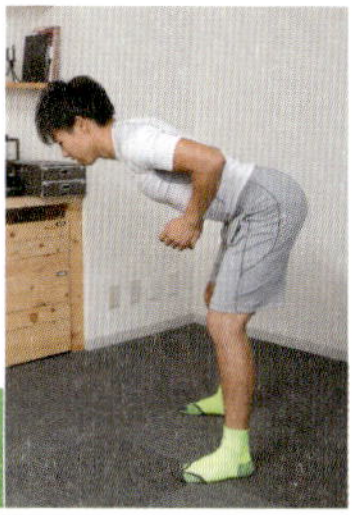

NG かかと荷重で後ろにバランスを崩す

もともとかかと荷重の人は後ろにバランスを崩しやすい。また、クラブを振り回す意識が強いと姿勢が立ってくる

クラブの握り方ひとつでスイングが大きく変化する!!

クラブの握り方なんて「自分の握りやすいのがいちばん」と思っている人が多いのではないでしょうか？　確かにいくつかあるグリップの握り方の中で、自分がいちばんしっくりくる握り方をするのがいいと思います。

問題は「手のどこに力を入れて握っているか」なのです。

フェースの向きがズレないように、クラブがすっぽ抜けないように、思いっ切り振り回せるように……、などと思ってギュッと握ってしまうと、それがスイングを乱す大きな原因となってしまうのです。

グリップを強く握ることで、腕に力が入ります。すると、まず最初に手首をやわらかく使えなくなります。

そして、この「力み」は腕だけにとどまらず、肩の動きにも影響して、全身の動きが連動しない「ギクシャクしたスイング」になってしまうのです。まずは、グリップでの手の使い方を覚えましょう。

基本的なグリップの種類

オーバーラッピンググリップ

左手の人差し指を右手の小指で包み込むように握る。左右の手の一体感を持ちつつもっとも自然に握れるグリップ

インターロッキンググリップ

左手の人差し指と右手の小指を絡めて握る。左右の手の一体感が強くなると同時に右手の指の感覚を得ることができるグリップ

グリップはギュッと握らない。「外は硬く、中はやわらかく」が基本

「手の中の小鳥をつぶさない、でも逃がさない」とサム・スニードが語ったように、ゴルフのグリップは非常にデリケートなもの。

手のひらの真ん中にくぼみをつくって、手の甲側に少し力を入れるようなイメージでグリップを包み込むのが正しいグリップの感覚だ。

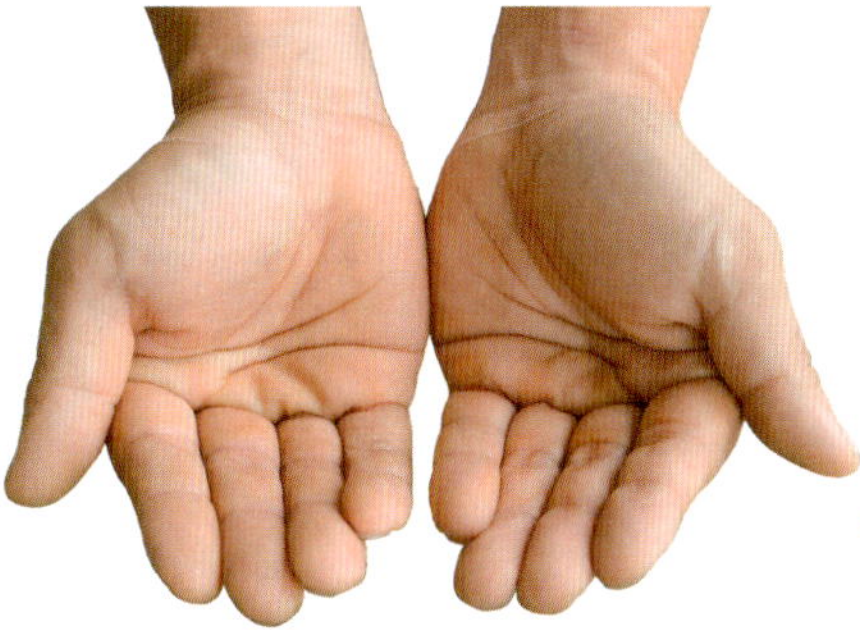

※サム・スニード…PGAツアー通算82勝の殿堂入りゴルファー。無意識のうちに力を入れている部分に神経が集中してしまうことからグリップの重要性について語った有名な言葉

この感覚がゴルフのグリップだ

おぼえておこう!
この感じ
1 ボールを正しく握る
2 両手に持つ
3 手を合わせる

グリップは中指と薬指の感覚と親指の引き寄せ方がカギ!

グリップの感覚は、日常の手の使い方とは少し異なります。「グリップで力まない」と言われても、まったく力を入れないわけではありません。正しい力の使い方を覚えることが大切です。

ゴルフクラブは、野球のバットやテニスラケットに比べて細いため、普通に握ると、指先に力を入れてギュッと握ってしまいがちです。とくにグリップの上に乗せた親指で押さえてしまいたくなることでしょう。これが「力み」を引き起こす最大の原因になります。

親指は、指先でクラブを押さえるのでなく、すき間をつくらずに内側に引き寄せるのが正しい使い方です。

親指以外の指も、ギュッと握ってしまうと腕に「力み」が生じます。とくに、人差し指や小指に力が入ってしまうとスイングに悪影響を及ぼします。

グリップでは中指と薬指をつけ根から使うのがポイントとなります。最初にボールを使ってグリップの感覚をつかんでから、クラブを握ってみましょう。

正しいグリップは、中指と薬指、親指の3つのつけ根でボールを挟み込む感覚

親指を手のひら側に引き寄せ、中指と薬指をつけ根から曲げてゴルフボールを持ってみよう。親指、中指、薬指のつけ根でボールを挟み込む感覚を身につけよう。これがグリップの「正しい力み方」だ。

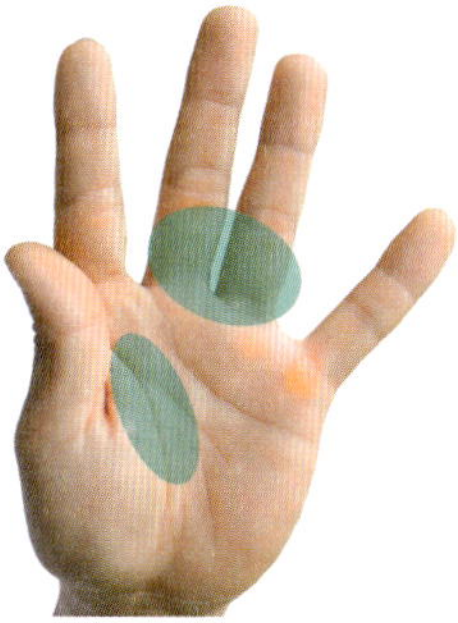
この部分で挟み込む

中指と薬指の指先でボールを握らないように注意しよう

手のひら側に力が入るとヘッドスピードが遅くなる!!

ココで差が出る！ ゴルフのセンス

正しい力の入れ方でグリップを握っていると、手の甲側に緊張感が生まれるはず。それとは逆にギュッと握ると、手のひら側に力が入っているのがわかるだろう。

手のひら側に力が入ると、前腕に力が入って手首がロックする。つまり、加速しようとしているヘッドに腕でブレーキをかけているのと同じことになる。

●ココが緊張する

正しく指を使えていれば、手の甲側が緊張する

●ココのすき間をなくす

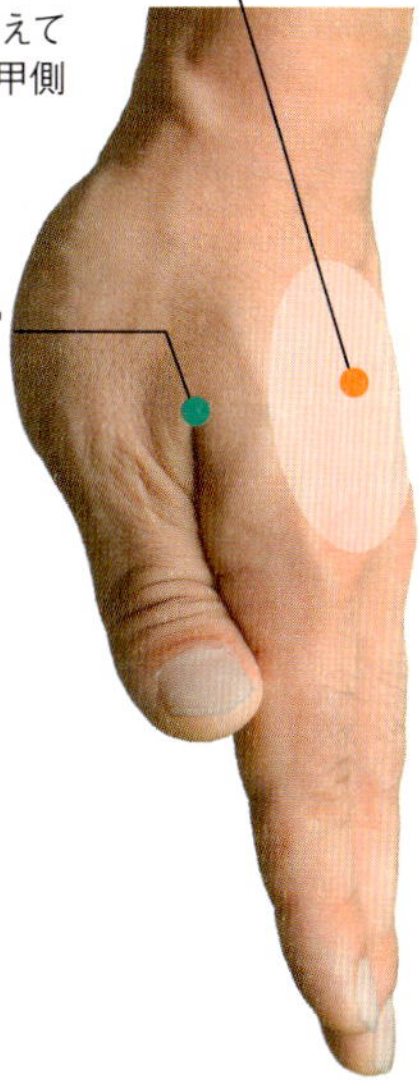

見落としがちな あるある注意点

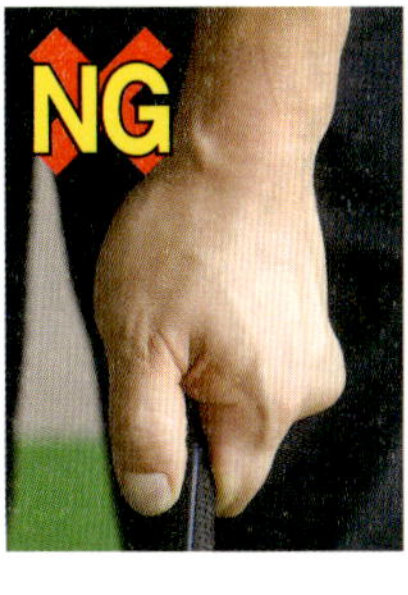

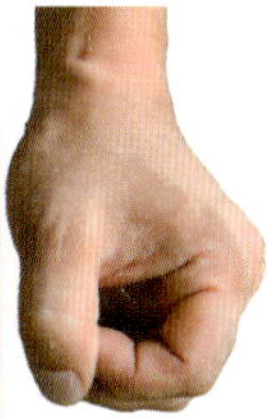
グリップが細いのでギュッと握りしめてしまう。とくに親指で押さえつけてしまうのはNG

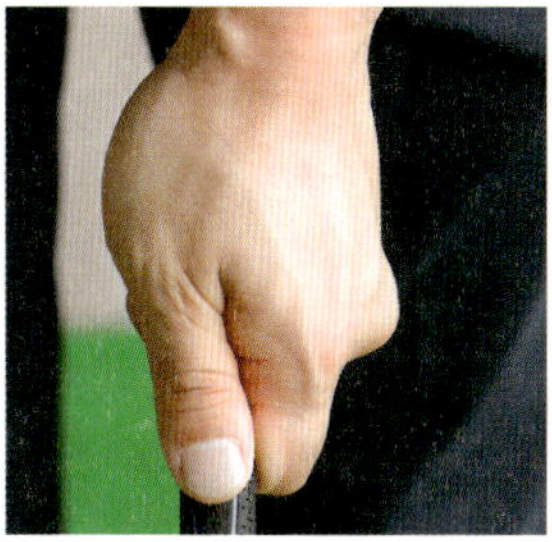
人差し指の方向に親指を引き寄せるのが正しい「指の力み方」

無意識に力が入るから すっぽ抜けそうでも大丈夫‼

　スイングの動作は、クラブを握って振り回すのだから、手のひらで握っている感覚がないと「途中でクラブがすっぽ抜けてしまいそう」と不安に感じる人も多いことでしょう。

　しかし、心配は無用です。左手の中指と薬指にクラブを引っかけるように握り、誰かに引っ張ってもらいましょう。とくに力を入れなくても、クラブはすっぽ抜けません。

　その代わりに、腕全体が引っ張られて「肩甲骨が外側に移動する」感覚が得られると思います。実は、スイング中にもこの感覚が欲しいのです。

　ゴルフでは、下半身から得たパワーを体幹に伝え、腕をムチのようにやわらかく使ってスイングするのが理想です。

　しかし、腕に力が入ってしまうと、この感覚は得られません。もし、クラブをギュッと握った状態でクラブを引っ張ってもらうと、肩甲骨は動かずに、体ごと前に引っ張られてバランスを崩してしまうことでしょう。

グリップを“ギュッ”と握るとスイング中にバランスを崩しやすくなる!?

グリップを握って誰かにクラブヘッドを引っ張ってもらおう。それほど力を入れずに軽く握っていれば、腕が前に伸ばされるだけで、姿勢は安定しているはず。このとき、肩甲骨が引っ張られて自然に左右に広がる感覚が得られるだろう。

一方、ギュッと握ると、腕に力が入り、引っ張られたときに前にバランスを崩してしまう。これが、スイングを乱す「力み」の正体だ。

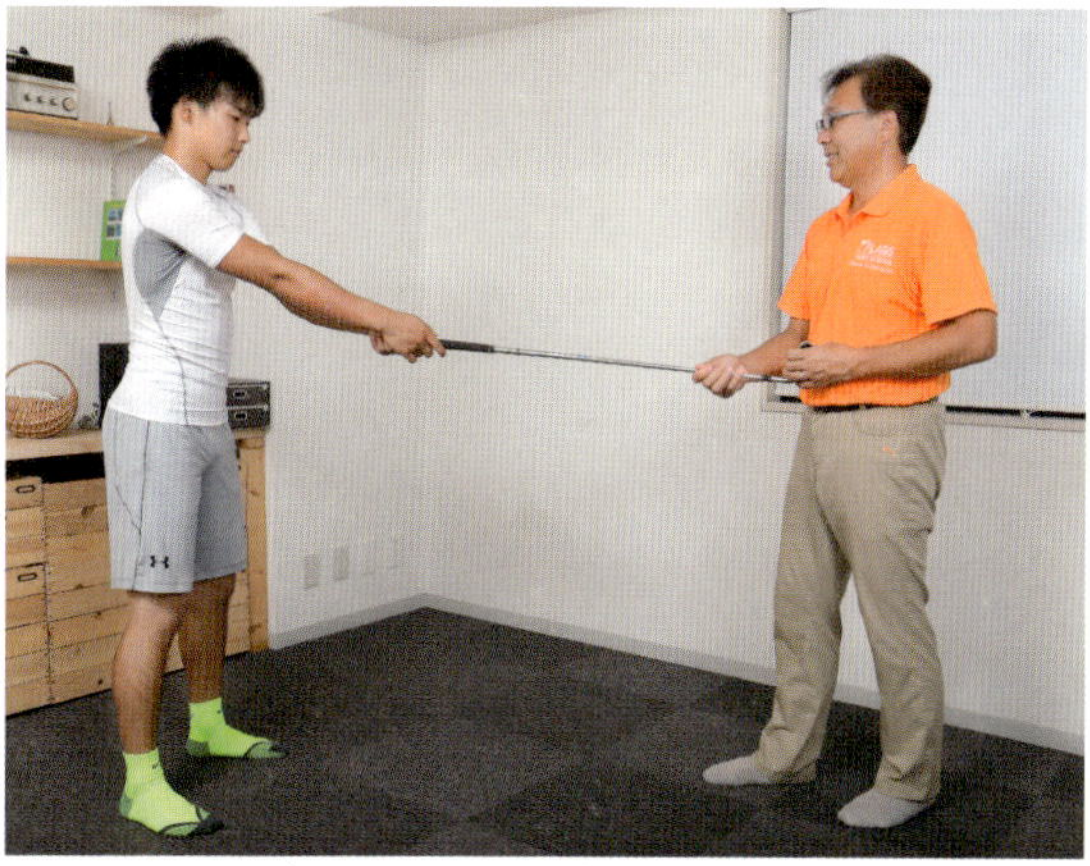

それほど力を入れずに握っているクラブを引っ張られると、腕が前方に引き伸ばされる。肩甲骨が左右に広がる感じがする

NG

見落としがちな あるある注意点

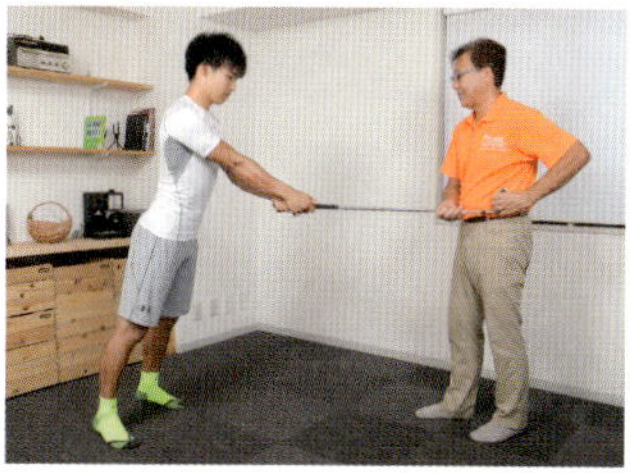

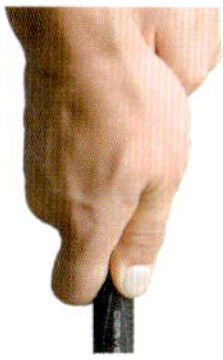

ギュッと握っているとそのまま体が前方に引っ張られてバランスが崩れる。右手を被せるような「ストロンググリップ」だと腕に力が入りやすくなる

左手の握り方と同じ感覚で右手を被せればグリップの完成!!

左右の手の使い方は基本的に同じ。親指と人差し指の間にティを挟み、ティが落ちないように親指を引き寄せて握ってみよう。

グリップの下側にある両手の中指と薬指のつけ根と、親指のつけ根で上下からクラブを挟み込むように握るのがポイントだ。

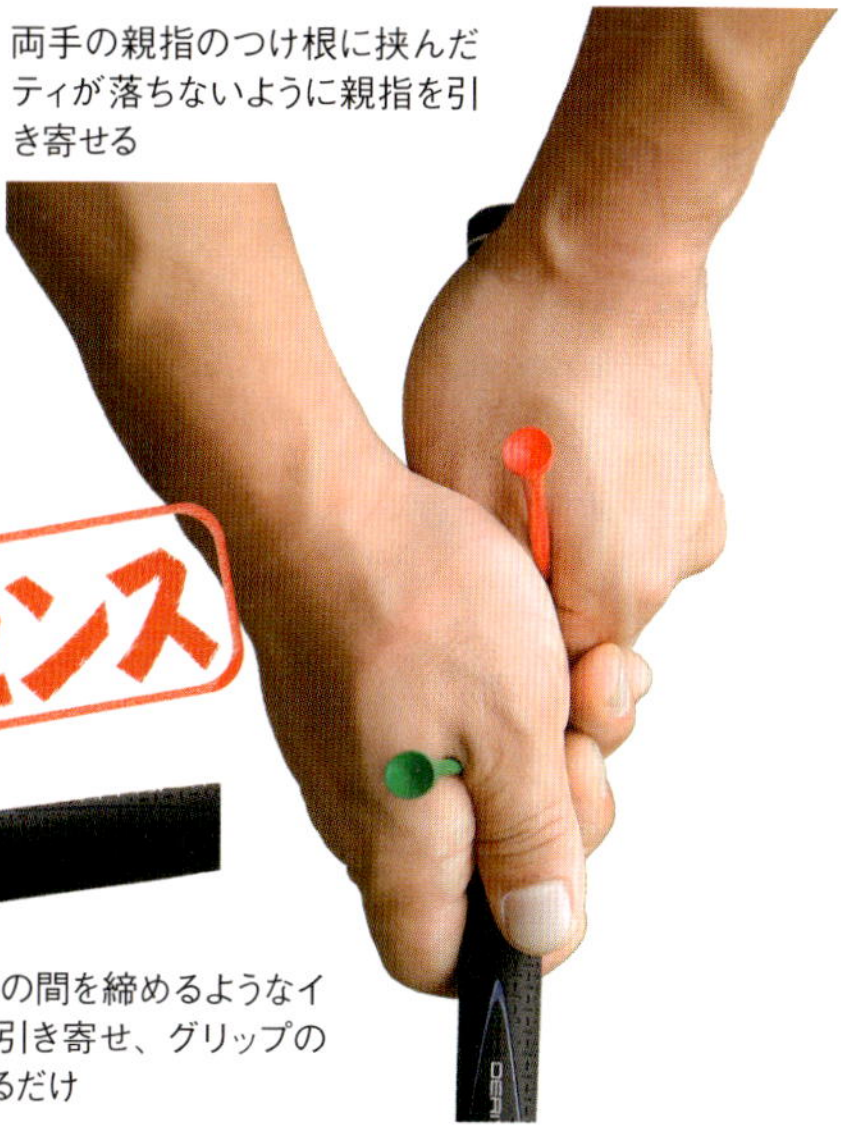

両手の親指のつけ根に挟んだティが落ちないように親指を引き寄せる

ココで差が出る！ ゴルフのセンス

親指と人差し指の間を締めるようなイメージで親指を引き寄せ、グリップの上には軽く乗せるだけ

強すぎずに弱すぎない グリップの感触を身につける

グリップを強く握りすぎると、腕に力が入って姿勢が乱れてしまいます。もし、アドレスで正しい姿勢ができていても、スイングの力みにつながり、スイング中に姿勢は乱れます。とはいえ、グリップが弱すぎて手首がグニャグニャでは、まともにスイングできません。

ここでは、正しいグリップの感覚を身につけるドリルを紹介していきましょう。

まず、30センチ定規を使って、グリップを上下から「挟み込む感覚」を身につけます。親指で上から、人差し指と薬指で下から挟み込むときの力の使い方を覚えましょう。

次に、ワイヤーハンガーを使って握る強さの感じをつかみましょう。ギュッと握るとつぶれてしまうので、適度な力加減を身につけることができます。

この程度の力でも、実際にスイングすれば、自然にすっぽ抜けない程度の力が入り、遠心力を使ったインパクトができれば、ヘッドは回転しません。

Drill 1 定規でおぼえる！

下から右手の中指と薬指、上から左手の親指で挟み込む

定規の上側に親指を乗せ、下側に中指と薬指のつけ根を当て､上下に挟み込む。このとき、上に乗せた親指は、指先で押さえるのでなく、指のつけ根を意識して指の腹側の全体に圧がかかるように使うのがポイントだ。

Drill 2 ワイヤーハンガーでおぼえる！

こんな強さでもクラブはすっぽ抜けない

定規で指の使い方を身につけたら、ワイヤーハンガーを使って実際のグリップに近づけていこう。ハンガーをつぶさずに手が外れない程度に挟み込む力加減を身につけよう。

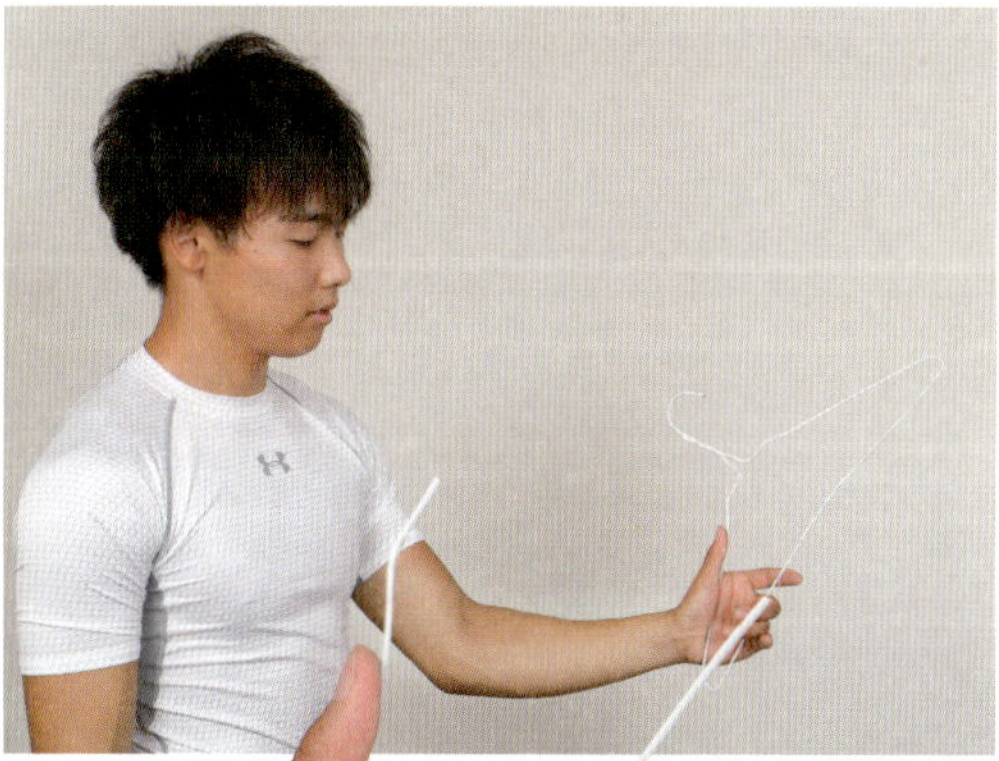

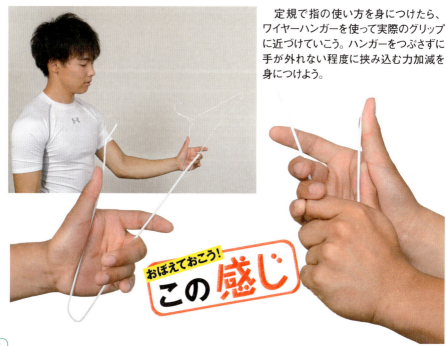

こ〜んなテニスラケットをイメージしてみよう!

1 テニスラケットを
2 横に曲げて
3 さらにひねる

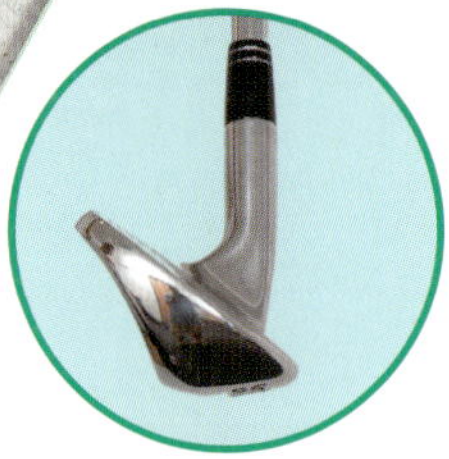

クラブヘッドの形状が錯覚や姿勢の乱れを引き起こす

ゴルフクラブのフェースは、テニスや卓球などの他のラケットスポーツと異なり、ボールを打ち出す方向にまっすぐに向いていません。初中級者によく見られるのが、この「フェースの向き」に慣れていないことで起こる「アドレスの乱れ」です。

また、アイアンの場合、フェースの先端になるほど、フェースの幅が広くなっています。これが「錯覚」を起こす原因となります。

フェースの見え方は、人それぞれです。まっすぐ（スクエア）に構えたときに、フェースが開いて見える人と閉じて見える人がいるようです。

アドレスでのフェースの向きがズレていれば、もちろん打球も狙い通りに飛ぶはずがありません。

視覚に頼ってフェースの向きを合わせてしまうと、最初から目標に対してフェースの向きがズレやすくなります。まずは、正しいフェースの向きを覚えましょう。

見落としがちな
あるある注意点

フェースの形状に惑わされないように注意！

ゴルフクラブのフェースの形状には大きな落とし穴がある。もともとクラブフェースは、まっすぐに伸びたシャフトの先端から横に飛び出るようについている。

そして、ロフトがついているため、フェース面は打ち出し方向にまっすぐでなく、斜め上に向いている。さらにアイアンの場合は、先端にいくほどフェースが大きくなっているので、目標に向けてまっすぐに向けるのが非常に難しい。

錯覚から起こるフェース方向のズレ

スクエアに構えるとフェースが左に閉じて（シャットフェース）見えると、引っかけるのを嫌がってフェースを開いて（オープンフェース）構えたくなる

スクエアのときにフェースが右に開いて（オープンフェース）見えると、ボールの捕まりをよくするためにフェースを閉じて（シャットフェース）構えたくなる

ロフトの傾きが気になると、フェースを立てて構えたくなる。フェースを立てるとロフトがなくなり、クラブを替える意味がなくなってしまう

引き起こされる「アドレスの乱れ」

フェースをボールにセットしたところからフェースの向きを微調整すると、手もとの位置がズレやすくなるのも事実。フェースを立てたり、開いたりすると手もとが前になりすぎ、フェースを寝かせたり閉じると手もとが後方になる。

フェースを立てると手もとが前になる（過度のハンドファースト）

NG

フェースを閉じたり寝かせようとすると手もとは後方にいく

NG

フェースを開こうとすると手もとは前になる

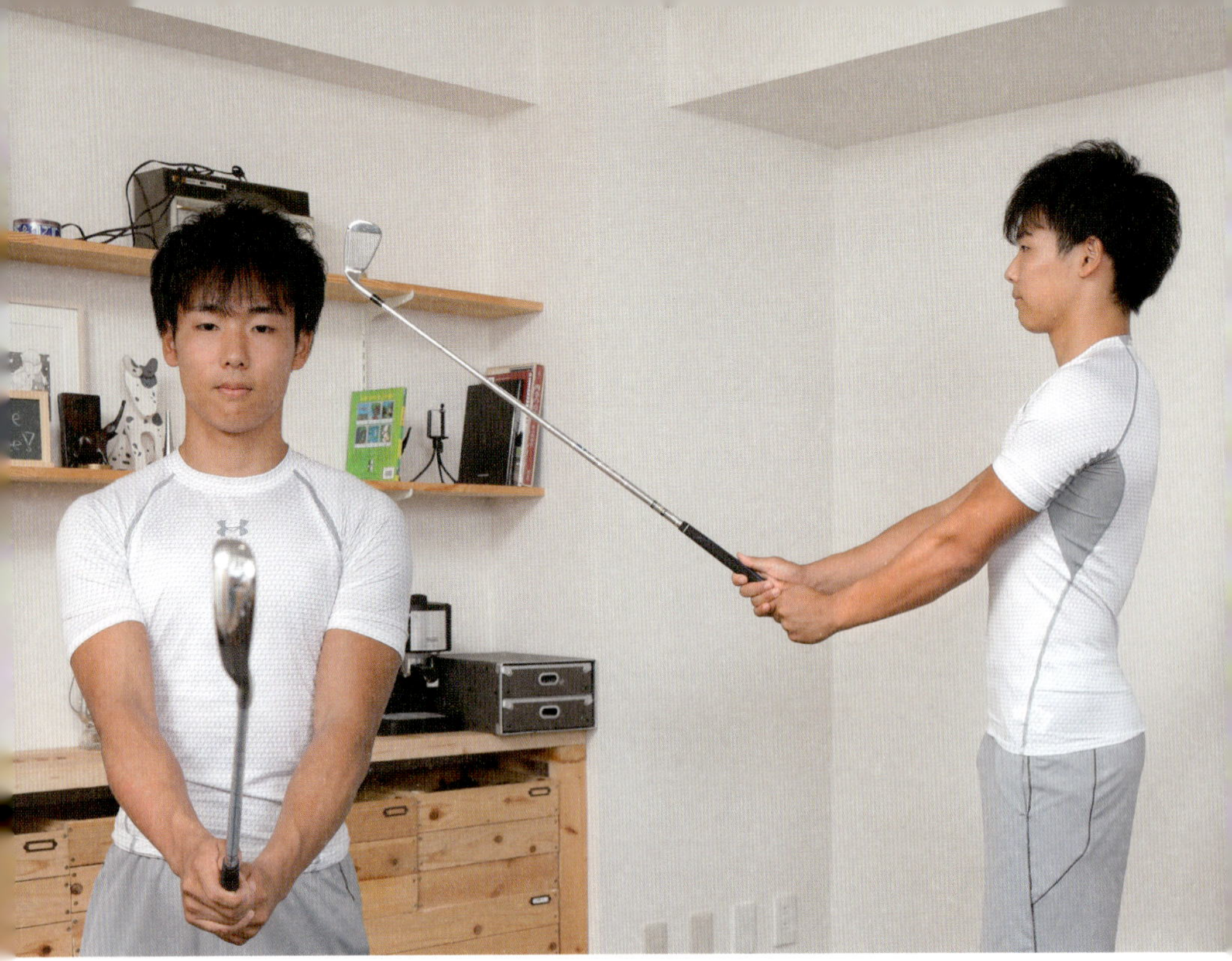

フェースを胸の前に上げれば スクエアに合わせやすくなる

見た目に頼ってフェースの向きを合わせると方向がズレてしまうとなると、どのようにすればいいのでしょうか?

見た目に左右されずにフェースをスクエアにするには、「手の感触」で覚えるのがベストです。クラブを体の正面で持って、ヘッドを上下に動かしてみましょう。

まず、胸の前でクラブを持ち、ヘッドの重みがもっとも軽くなるところに合わせます。そのまま、手首をやわらかく使って、ヘッドを上下に動かしてみましょう。

フェースの向きがズレていると、左右に振られてスムーズに上下に動かすことができません。もっともスムーズに上下できる角度に微調整すれば、それがスクエアの位置ということになります。

胸の前でヘッドのスクエアをつくったら、ヘッドを地面につけてソールした後も、向きを微調整しないことが大切です。

フェースの向きは見た目ではなく「手の感覚」でおぼえる

　フェースが目標に向かってスクエアになっているということは、ヘッドの重心のバランスがとれた状態といえる。

　胸の前でクラブを持ったときに、もっともヘッドが軽く感じるところがスクエアということになる。

　そこでヘッドを上下に振って、重心のバランスを確認してみよう。左右にブレてしまうようであれば、フェースの向きがズレている証拠。スムーズに上下できるように、フェースの向きを微調整しよう。

ココで差が出る！ ゴルフのセンス

クラブを上下に振ってフェースの向きを確認しよう!!

NG スクエアでない場合

フェースが閉じたシャットフェース（写真左）や、開いたオープンフェース（写真右）ではスクエアのときと手の感触が異なる

フェースの向きがズレていると重心のバランスが悪く、手首でコントロールしないとまっすぐに上下できなくなる

スイング方向を決めるのはスタンスでなく「胸の向き」

アドレスをつくるときに、まずスタンスを打ち出し方向に平行に合わせる人を多く見かけます。体のバランスが左右対称に整っている人であればいいかもしれませんが、残念ながら、多くの人はそれに当てはまりません。

ゴルフのスイング方向を決めるのは、スタンスでなく「胸の向き」です。それは、クラブを持っている両腕のつけ根が「胸」だからです。

ゴルフスイングは、体幹部を軸とした回転運動です。いくらスタンスをスクエアにしても、股関節の柔軟性の差や、打ち出し方向が気になって上体が開いていると、目標に向かってまっすぐにスイングできません。つまり、打球もまっすぐ飛ばなくなるということです。

体の左右のバランスを整えるのが理想ですが、荷物の持ち方、足の組み方、立っているときの体重のかけ方など、日常の様々な癖でもバランスは乱れます。まず胸の向きを合わせるアドレスを身につけた方が上達も早まります。

体幹の力を使って胸を回転させるから スイング方向も胸と同じ向きになる

ゴルフクラブを握っている腕のつけ根は肩関節。その両方の肩関節の位置は「胸の向き」で決まる。ゴルフスイングは、腕力に頼ってしまうと方向も強さも安定しないため、体の回転に合わせて、腕を自然に振り抜くことが大切。

つまり、スイングの方向を決めるのは「胸の向き」となる。アドレスで方向を決めるときに、もっとも注意するべきなのは「胸の向き」なのだ。

見落としがちな
あるある注意点

フェースをスクエアに合わせて スタンスを合わせると上体が開く！

ボールをまっすぐに打ちたいからといって、最初にフェースをスクエアにセットしてからスタンスを決める人も多い。しかし、目標を気にする気持ちが強いと、上体や腰の向きが目標に向かって開きやすくなる。

その結果、胸の回転に対して、腕の振りが遅れた状態でボールにインパクトすることになってしまう。スイング自体は左方向に向かったスイング（アウトサイドインの軌道）、フェースが右を向いたインパクトになってしまうのだ。

NG

ボールにフェースを合わせてアドレスに入ると体が開きやすくなる

重心のバランスを変えずに体を上下に折りたたむ

ボールの横で胸の向きを目標に合わせて、自然にまっすぐ立ったところから、ひざと股関節を軽く曲げるのがアドレスの姿勢です。

このとき注意したいのが、体の前後の重心バランスです。その場でジャンプして着地したときの重心バランス(25ページ参照)を思い出しましょう。

体を上から見たときの重心バランスを変えずに、体を上下に折りたたむようにスッと構えることが大切です。

体の折りたたみ方は「クラブの長さ」によって異なります。たとえば、ドライバーのような長いクラブなら、ひざや股関節を曲げる角度が浅くても、ショートアイアンなどの短いクラブでは角度が深くなります。

その中間の長さのクラブが6〜7番アイアンなので、ゴルフでは最初に7番アイアンから練習するのが普通とされています。7番アイアンでつくった姿勢やスイングを基準に、長いクラブや短いクラブに対応していきましょう。

前後の重心の位置を変えずに体を上下にまっすぐ折りたたむ

まっすぐに立ったときに、土踏まずのあたりに重心がくるのがもっともバランスのとれた状態。アドレスで体を折りたたむときも、このバランスを崩さないようにすることが大切だ。

上体の前傾が深くなりすぎると「つま先寄り」に、前傾が浅いと「かかと寄り」に重心が移動する。ゴルフスイングは回転運動のため、この重心の乱れがスイングに大きな影響を及ぼす。

クラブの長さに応じて折りたたむ角度も変化する

アドレスの姿勢は、クラブの長さによって異なる。クラブが長くなるにつれてボールと自分との距離も遠くなるが、手もとの位置も地面から高くなる。そのぶん、体を折りたたむ角度も浅くしなければならない。

それとは逆に、クラブが短くなるほど、体を深く折りたたまなければいけなくなる。7番アイアンで基本姿勢をつくったら、いろいろな長さのクラブでも、違和感なくスッと構えられるようにしておこう。

ドライバー

9番アイアン

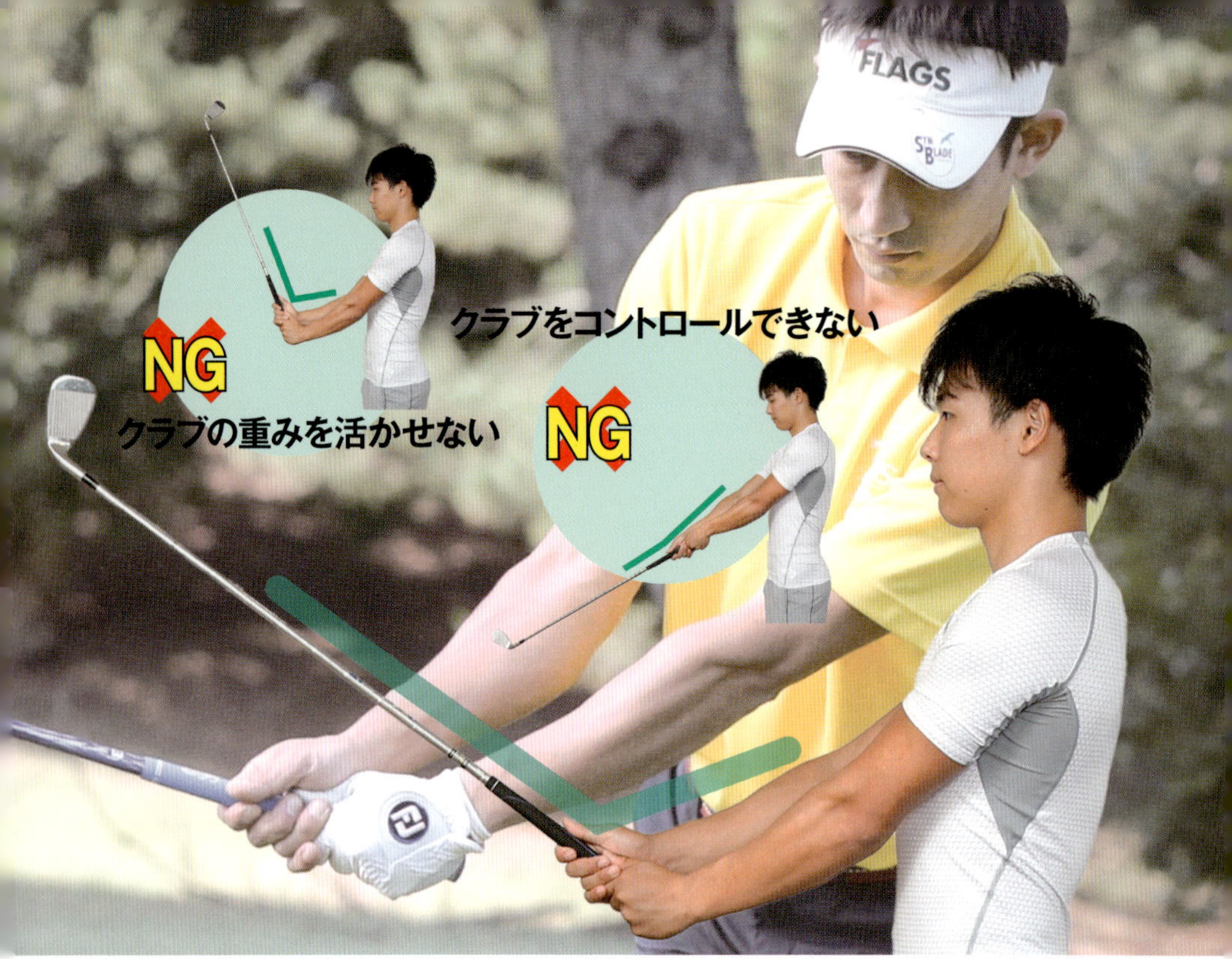

クラブの重みを正しく感じる手首の角度を維持しよう

胸の向きを目標に合わせながら、クラブを胸の前に持って、ヘッドを上下に動かしてフェースの向きを合わせます。見た目だけでなく、手の感触を身につけておくことが大切です。このとき、気をつけておきたいのが腕とクラブがつくる「手首の角度」です。

腕の力をあまり使わずに、ヘッドを軽く上げるとヘッドの重みをそれほど感じずに、クラブ全体の重みを感じることができるはずです。

手首を軽く曲げて、クラブ全体の重みを感じることで、クラブの操作性が高くなります。

手首が伸びてしまうと、ヘッドが重く感じることでしょう。また、手首を曲げすぎると、クラブの重みを感じなくなってしまいます。

ゴルフスイングでは、クラブの重みを利用して、インパクトに向けてスイングを加速させます。クラブに振り回されたり、腕力に頼ったスイングにならないように注意しましょう。

クラブ全体の重みを適度に感じられる「手首の角度」を崩さずにスイングする

体の正面でクラブを持ち、ヘッドを少し上げると、クラブ全体の重みを適度に感じられるようになる。この「適度な重み」を感じながら、両わきを軽く締めたままスイングすることで、遠心力を効率よく高めることができるのだ。

クラブが重すぎたり軽すぎると、クラブに振り回されたり、腕で振り回すようなスイングになってしまうので注意しよう。

ココで差が出る！ ゴルフのセンス

NG ヘッドの重みを感じる

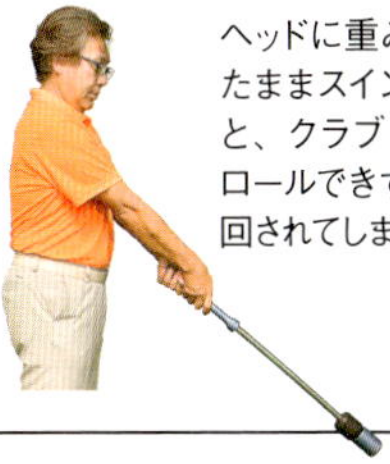

ヘッドに重みを感じたままスイングすると、クラブをコントロールできずに振り回されてしまう

見落としがちな あるある注意点

ボールに合わせて前傾すると手首の角度は必然的に乱れる!!

ボールの横に立ってフェースの向きを合わせるときに、せっかく正しい「手首の角度」ができていても、上体を前傾させるときに、ボールに合わせてスッと構えてしまうことで手首の角度がズレてしまう人が多い。

クラブを下ろしたときにボールの位置にフェースが合わなくても、「手首の角度」を乱さないことが大切だ。

NG

最初の立ち位置は当てにならないもの。ボールにフェースを合わせて構えてしまうことで、手首の角度や姿勢が乱れる

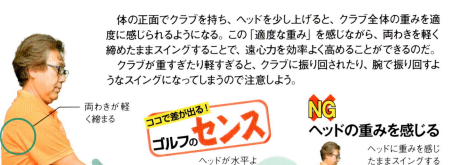

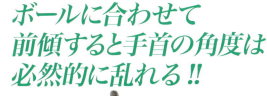

体を上下に折りたたみながらクラブをスッと下ろし微調整

アドレスでは、ボールの横にまっすぐに立ったところから、クラブをスッと下ろしながら体を折りたたみます。

このとき、ヘッドの位置がボールに合わなくてもかまいません。もともとボールの横に何気なく立ったところから構えただけなので、ボール位置にピッタリ合う方が珍しいことでしょう。

クラブを下ろすときは、ヘッドが地面についた（ソール）ときにもっとも座りがいいところになるように、前後の重心バランスを崩さずに体を上下に折りたたみます。もちろん、この時点ではフェースがボールにセットされていなくてかまいません。

クラブをソールしたら、その姿勢を崩さずにボールにフェースの位置が合うところまで、体の向きが変わらないように自分が移動します。

移動するときは、姿勢が徐々に変わりやすいので注意が必要です。姿勢が崩れないように注意しながら、小刻みに移動しましょう。

手首の角度を変えずに体を折りたたんだところでボールに合わせて自分が移動

ヘッドの座りがもっとも いいところになるように、クラブを下ろしながら体を折りたたむ。そこから、フェースがボールに合うところまで自分が移動する。小刻みなステップで、姿勢や胸の向きが変わらないように注意しよう。

1
胸の前でフェースの向きを合わせながら、クラブと腕の角度をつくる

2
手首の角度を変えずに体を上下に折りたたみ、ソールしたところでボールに合わせて自分が移動する

ヒールダウン気味にソールさせ、ボールに合わせて自分が移動する

ヘッドの座りのいいところってどこだろう？　と思う人も多いことだろう。クラブをソールするときのイメージはフェースの手前（ヒール）から。シャフトの延長部分から地面につけるようにクラブを下ろすことが大切だ。クラブの先端（トゥ）の下に10円玉が2～3枚挟まる程度浮かせて、少しヒールダウン気味にソールしよう。

NG トゥダウン

クラブの先端（トゥ）が地面にソールしてヒール部分が浮いた状態。ボールの捕まりが悪くなる

NG ヒールダウン

クラブのヒールが地面にソールしてトゥ部分が浮いた状態。ネックに当たりやすくなる（シャンク）

3 フェース向き

ヘッドを胸の前に上げてフェースの向きをスクエアに合わせる

4 体をたたむ

体を上下に折りたたみながらクラブを下ろしてソールする

5 移動

姿勢を崩さずにボール位置に合わせて移動する

● 胸の前でクラブを持ったところからソールまでの流れ

クラブを下ろしながら、重心バランスを変えずに体を上下に折りたたむ

フェースが胸の前になるようにヘッドを上げ、手もとの位置を変えずにヘッドを上下させてフェースの向きをスクエアに合わせる

動画でCheck! アドレスの入り方

URL 一連の動きを動画でチェックしよう
https://www.youtube.com/watch?v=vU6462swq0I

ボールの後方から打ち出し方向を確認して目標をつくる

胸のラインが打ち出し方向と平行になるようにボールの横に立つ

●アドレスのつくり方

今までの動作を続けて、実際にアドレスをつくってみよう。練習場などでも打席に入るときに、かならずこの手順を踏むようにして、自分のルーティンにしておくことが大切だ。

ヘッドの座りがもっともいいところでソールする

つくった姿勢を変えずに、ボールにフェースが合う位置まで自分が移動

アドレスの完成

ティグランドのマナー

誰もが何となく緊張感を感じてしまいがちなのがティグランド。
リラックスしたいからといって、打つ人に対しての配慮を忘れないようにしよう。

ティショットのときは、誰もがショットに集中したい場面。飛距離が出るクラブを使用するショットだけに、ちょっとした集中力の乱れが、大きなミスを引き起こすことが多い。

同伴者が打席に入ったら、視界に入らないところに立ち、大声で話したり、大きな音をたてないのが最低限のマナーだ。

スルーザグリーンのマナー

グリーンに乗せるまでの道のりを「スルーザグリーン」と呼ぶ。
もたもたしていると次の組の人に迷惑がかかってしまうので注意が必要だ。

ティショットの後は、同伴者と1台のカートに乗って移動することが多い。しかし、打球の行方はまちまち。打とうとしている同伴者の邪魔をしないのはもちろん、時間をかけすぎて後ろの組に迷惑をかけないのも大切なマナーだ。

芝を傷つけてしまったら、カートに乗せてある「目土（芝の種が混ざった土」で、ショットでできた凹み（ディボット）を修復しておくことも大切。誰もが気持ちよくプレーできるような配慮も忘れないようにしよう。

プレーの邪魔になるところにカートを止めない

ダフったり、芝を削ったときは、飛んだ芝（ターフ）を戻し、穴ができたときは目土で埋めて平らにならしてから移動するのがマナー

カートを降りるときは、必要と思われるクラブを数本持って降りる

Chapter 2

初心者は打たない方が早く上達!?

どこでも手軽にできる 究極のスイングメイク

ゴルフスイングを超速マスター

ボールを打つと下手になる!?

これが「鉄壁のスイングメイク」だ!!

ゴルフを始めるときに、素振りを数回して感覚がつかめるようになったら、次はボールを打ちたくなってくることでしょう。

テニスなどのスポーツでは、このような方法でボールを打つ感覚を磨いていくことと思います。しかし、ゴルフの場合、クラブヘッドの形状がラケットなどとは異なるため、最初はなかなかうまく打つことができません。

それは、ボールを置いた瞬間に、素振りと同じスイングができなくなってしまうからです。

そこで、推奨したいのが「タオルスイング」。ボールを打たずにタオルを振ることで、正しい体の動きでクラブを振るタイミングを身につけられます。

ゴルフでは、つねに同じスイングを行うことが大切です。体のどこかに余計な力が入ってしまうとスイングが乱れ、打球は安定しなくなってしまいます。まずは、ブレの少ないスムーズなスイングを身につけましょう。

手もとがひざ～ひざに収まる 小さな振り幅でぶらぶらさせる

バスタオルの先端を結び、その重みを利用してタオルをぶらぶら左右に振ってみよう。

最初は、手もとが左右のひざの幅を移動する程度の、小さな振り幅でかまいません。

途中でスイングを止めずにスムーズに体を動かします。肩をリラックスさせ、腕の動きと連動して、重心が軽く左右に移動する足の裏の感覚を身につけよう。

タオルの先端を結びゴルフのアドレスの姿勢をつくる

手もとが左右のひざの間で動く程度の小さなスイングから開始

スイング方向に向かって タオルをまっすぐ飛ばしてみよう

何回かタオルをぶらぶら振ったところから、スイング方向にまっすぐタオルが飛ぶように、タイミングよく手を離してみよう。

まっすぐ飛ばそうとすると腕や肩に力が入りやすくなるが、スイングから得た遠心力だけを利用して自然に前に飛ばすことを心がけよう。

前に放り投げるのでなく、自然にタオルが飛んでいく感覚で飛距離は気にしないことが大切

振り幅を腕の力でコントロールするとタオルが大きくしなってしまう

手もとでスイングをコントロールしようとするとタオルが暴れてしまう

タオルの振り幅を広げると「重心移動」が少し大きくなる

小さなスイングに慣れてきたら、振り幅を少し大きくしてみましょう。手もとが腰の高さになるくらいのところでタオルを左右にスイングします。

手もとが体の幅を超えたところから、手の位置が徐々に高くなります。タイミングよく「振り子」の動きを続けるためには、腕の振りに加えて、重心移動が必要になります。

手もとが自分のひざより外側になったところから、腕の振りだけでタオルを上げようとすると、腕でタオルをコントロールしなければなりません。その結果、スイングが安定せずに一回一回上がるところがズレてしまいます。

体幹を安定させて、重心移動に合わせて腕を振ることで、タオルをあまりたるませずに、リズムよく左右にスイングできます。

体の正面（ひざ～ひざの振り幅）では、タオルは自分から見て直線的に移動します。このときのタオルの見え方にも慣れておくことが大切です。

体の正面を通過するときに結び目が2本のレールの間をまっすぐ通る感覚を身につける

ココで差が出る！ ゴルフのセンス

体の正面にクラブを2本平行に置いてタオルスイングをやってみよう。重心移動を使って正しくスイングできていれば、タオルの結び目が2本のレールの間をまっすぐに通過します。結び目がまっすぐに移動したところから、体の正面約90度の範囲を超えたところで結び目が上がっていく感覚を身につけよう。

腕の振り幅を広くしたときも体が横向きの状態で手を離してタオルを飛ばす

タオルをぶらぶらスイングしたところから、スイング方向にまっすぐタオルを飛ばしてみよう。腕の振り幅が大きくなっても、タオルを前に投げるのでなく、タイミングよく手を離すことで、遠心力でタオルが飛び出す感覚を身につけておくことが大切。

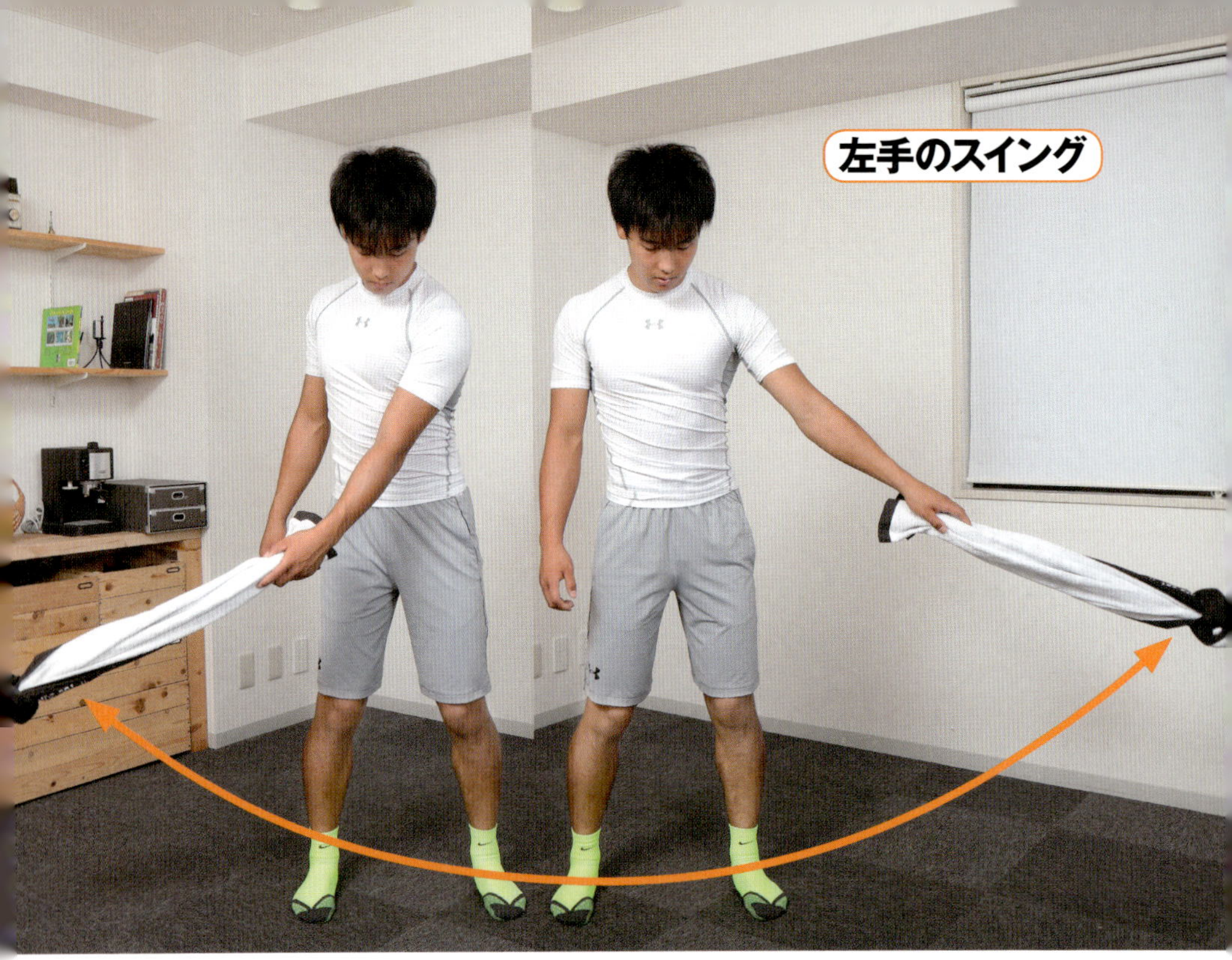

腕の動きを左右別々に身につけるメリットって何!?

両手でタオルをスムーズに振れるようになったら、次に片手ずつ動きをチェックしてみましょう。

両手でタオルを振っているときには気づかなくても、片手ずつやってみると、左右の腕で感覚が異なることに気づきます。

まず左手1本でスイングします。肩からタオルの先端までを一直線にして、振り子のようにぶらぶらとするのは意外とかんたんなことでしょう。

しかし、利き手の右手だけにしたところで、急に上手くいかなくなってしまう人も多いのではないでしょうか?

その最大の原因は、器用な利き手を使うと、無意識に手でタオルの動きをコントロールしようとしてしまうからです。

右手でタオルが暴れてしまう人も、数分で普通に振れるようになります。この右腕の使い方に慣れておくことで、クラブに持ち替えたときにもスムーズにスイングできるようになります。

器用だから邪魔をする正しい利き手の動きを体でおぼえよう!!

右手1本でタオルを振ってみよう。タオル先端の結び目の重みを利用して、左右均等にぶらぶらさせることが大切。このときの腕の使い方が、実際のゴルフスイングに必要とされる腕の動きとなる。

見落としがちな あるある注意点

最初から両手でスイングすると左右の「腕の動き」がバラバラになる!!

右手が利き手の人であれば、かんたんに思えるかも知れないが、やってみると最初はタオルが暴れてしまう人が多い。

利き手であるがゆえに、無意識に手を使いすぎてしまうとスムーズにスイングできなくなる。

これは、両手で握っているときも同じこと。両手で振っていると片方の手の動きは意識しにくいため、片手ずつ動きを確認しておくことが大切だ。

動画でCheck! タオルスイング（両手・片手）

URL 一連の動きを動画でチェックしよう

正面）https://www.youtube.com/watch?v=e2dWl9dUypA
後方）https://www.youtube.com/watch?v=p6GXA2Sxkak

正面　後方

クラブの重みを使って片手でスイングしてみよう!!

タオルで片手スイングをしたら、今度はゴルフクラブを握って、片手でスイングしてみましょう。クラブの重みを利用できるため、タオルのときよりかんたんに振り子のような動きができることと思います。

このときの両手の動きを合わせたものが実際のゴルフスイングです。

振り幅は、手もとの位置が「ひざ〜ひざ」、慣れてきたら「腰〜腰」の高さの2種類でかまいません。クラブヘッドが体の正面でまっすぐに移動する感覚や、ヘッドの見え方を身につけておくことが大切です。

この部分が一般的に「インパクトゾーン」と呼ばれる、ボールを捕らえる部分となります。

スイング幅を広げてこの範囲を超えると、ヘッドを持ち上げる動作が入るため、インパクトゾーンの感覚をつかみにくくなります。小さなスイングで練習することで、正しいインパクトの感覚を身につけることができます。

肩に力を入れずに クラブの重みを利用して ぶらぶら左右にスイングする

右手のスイング

右手でスイングするときも、肩や腕の力でクラブを持ち上げるのでなく、クラブにかかった遠心力で振り子のように動かすように心がける。とくに肩に力が入らないように意識することが大切だ。

見落としがちな あるある注意点

片手スイングで生じる「力み」は 両手になると倍増する!!

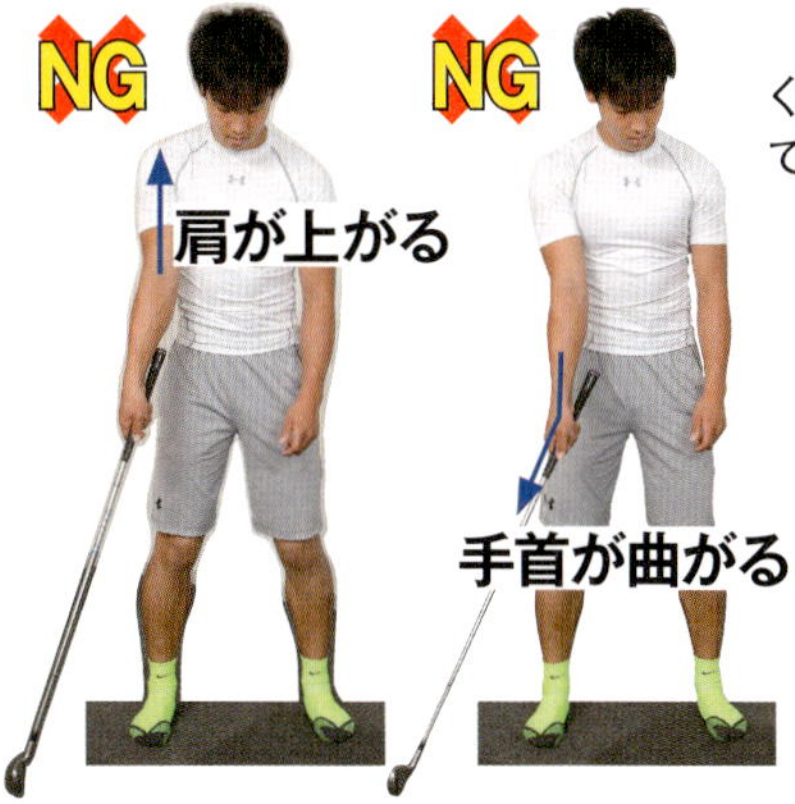

片手でぶらぶらさせたときに、力が入って肩の位置が高くなったり、手首を使ってしまう人は、両手でクラブを持ってスイングしたときに、その動きがさらに顕著に表れる。

力みが生じるとスイング軌道が安定しない

手首を使うとインパクトが安定しない

タオルと同じ小さな振り幅で「ぶら～んスイング」をしよう!

片手スイングで左右の腕の動きを確認したら、両手でクラブを持って「ぶら～んスイング」をやってみましょう。ここでも、最初は小さな振り幅のスイングから始めることが大切です。

両手でクラブを握ったときに大切なのが、左右の手の一体感です。グリップの握り方（30ページ参照）を思い出して、力まずに握ることが大切です。グリップをギュッと握ってしまうと、腕や肩に力が入って、スムーズに動かせなくなってしまいます。

また、両手で握ってスイングすると、片手ずつ確認した腕の動きは確認しにくくなります。でも、それでいいんです。特別な意識を持たずに、両手でクラブの重みを感じながら、左右にぶらぶらさせてみましょう。

そして、スイングがギクシャクしていると感じたときや、クラブの動きに違和感を感じたときに、両手でスイングしながら、片手ずつ感覚をチェックするようにしましょう。

振り幅を広げることで軽い重心移動が必要になる。やわらかく股関節を動かす感覚を身につける!

振り幅を広げたタオルスイング（52ページ参照）のときと同様に、手もとが腰あたりの高さになるようにクラブを振ってみよう。

重心移動が必要になったときに、下半身を使わずに体幹をねじるのでなく、股関節をやわらかく使えるようにしておくことが大切。

腰～腰のスイング

最初にフェース向きを合わせたら、スイング中には気にしない!!

クラブを持ってスイングすると、フェースの向きが気になってしまう人も多いはず。でも、最初にフェース向きを合わせておけば、スイング中は気にしなくてOK（36ページ参照）。普通にスイングするだけで、ヘッドの重みでインパクトの位置でフェースは自然にスクエアに戻る。

動画でCheck! **ぶら～んスイング**

URL 一連の動きを動画でチェックしよう

両手）https://www.youtube.com/watch?v=2if2WQlvY_c
片手）https://www.youtube.com/watch?v=9lr3jVyWml8

両手　片手

タオルの振り幅を広げれば ゴルフスイングが完成!!

タオルスイングに戻って、さらに振り幅を広げれば、これでゴルフスイングの完成です。

ここでも、タオルを振り切って終わるのでなく、左右に何回も往復したスイングを繰り返すことが大切です。

1回ごとにスイングを完結させてしまうと、スイング方向を意識してしまうため、無意識のうちに体に不自然な動きが加わってしまいます。

タオルを振るときのイメージとしては、最初に振り上げたときに、タオルの結び目が肩の裏側や背中にパチーンと当たり、振り終えたときにまたパチーンと当たるようにスイングしましょう。

これを連続したときに、「パチーン、パチーン」と同じリズムになれば、力みのない自然なスイングの完成です。

この感覚を体に覚えさせておくことで、実際にボールを打ったときに「余計な力み」が生じても、それを自覚できると同時に、修正する基準のスイングも明確になります。

リズムよく振れるようになったら タオルを前に飛ばしてみよう!!

タオルでのフルスイングができるようになったところで、タオルをまっすぐに飛ばしてみよう。タオルを前に投げようとすると、今までのスイングと変わってしまうことに気づくはず。タオルを飛ばした後もスイングを止めずに、腕をしっかり振り切ることが大切だ。

NG まっすぐ飛ばない

タオルを飛ばす意識が強いと、体が開いたり、腕に力が入ってまっすぐ飛ばなくなる

7番アイアンに持ち替えれば スイングの基本が完成する!!

タオルで肩の裏を「パチーン、パチーン」とリズムよく叩けるようになったら、タオルの代わりに7番アイアンを持って同じことをやってみましょう。

アイアンに持ち替えたときも、一方向に振り抜くのでなく、左右に往復させることが大切です。

このとき、フェースの向きがズレていると、スイングが安定しなくなってしまいます。最初に正しい手順でアドレスをつくり（46ページ参照）、正しい姿勢でスイングしましょう。

また、ゴルフクラブはタオルより重いため、グリップをギュッと握ってしまいがちです。強く握りすぎてしまうと、腕に力が入って自然なスイングができなくなるので注意が必要です。

とはいえ、グリップが弱すぎて手首がグニャグニャだとクラブに振り回されてしまいます。

実際のスイング動作のなかで、強すぎず弱すぎないグリップの感覚（32ページ参照）を確認しておきましょう。

スイングに関する言葉をおぼえておこう

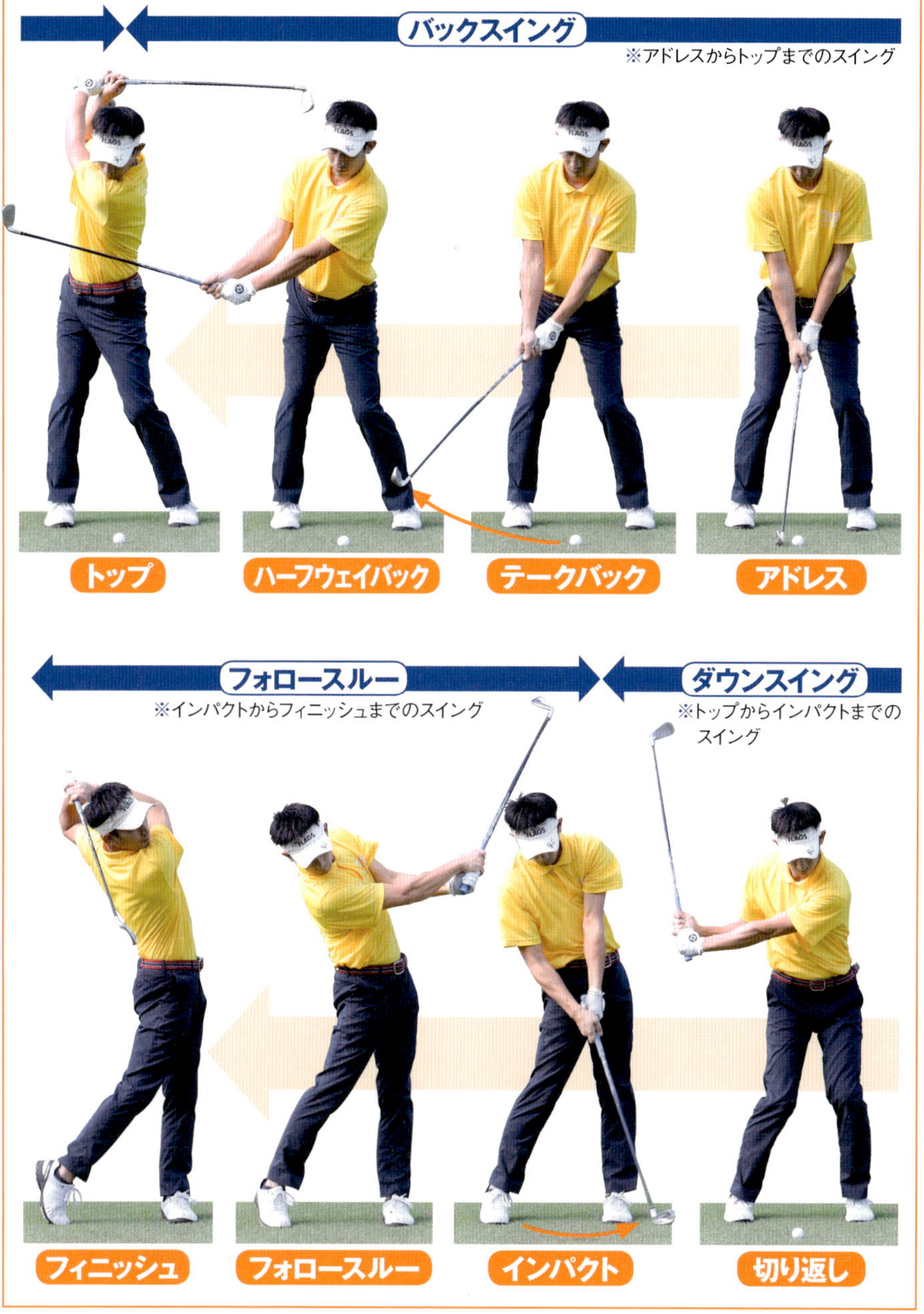

直立で行う

まっすぐに立ち、両腕を左右に広げたところから、片手ずつ手のひらを合わせる

「体幹スイング体操」で正しい体の使い方を身につける

フルスイングをしようとすると、どうしても体に余計な力が入ってしまう人も多いことでしょう。

まずは、周囲の余計な情報をシャットアウトすることが大切です。「体幹のひねり」、「トップのタメ」、「下半身始動」、「右足のキック」、「左サイドのカベ」、「腰のキレ」……など。色々と言われていますが、このような感覚的なことを勘違いしてとらえてしまうと危険です。

重みのあるゴルフクラブを振るわけですから、体に多少なりとも力が入るのは当然です。しかし、無理にスイングを大きくしようとしたり、スイングスピードを加速させようとする必要はありません。

ゴルフスイングに必要な動きは、かんたんな体操で身につけることができます。ここで紹介する「体幹スイング体操」で、ゴルフに必要な体幹や股関節の使い方、重心移動を体感することができます。正しい動きをした結果、世間で言われている動きになるのです。

正しい体幹の使い方が自然に身につく 体幹スイング体操

前傾姿勢で行う

ゴルフスイングでの体の使い方が身につく「体幹スイング体操」をやってみよう。体操で正しい感覚を身につけることで、実際のスイングのなかでも再現できるようになる。

1 安定したスタンスで重心バランスを崩さずに上体を前傾させ両腕を左右に広げる

2 左手のひらを右手のひらに合わせる

3 左足を右足に寄せる。手の位置が少し高くなる

4 左足を2の位置に戻す。これが体幹にできたタメ

5 左腕をもとの位置に戻して1の姿勢に戻る

6 右手のひらを左手のひらに合わせる

7 右足を左足に寄せる。手の位置が少し高くなる

動画でCheck! 体幹スイング体操

URL 一連の動きを動画でチェックしよう
https://www.youtube.com/watch?v=9NMjyWZReSc

- 直立（腕のみ）
- 前傾姿勢（腕のみ）
- 前傾姿勢（全身）

打ちにいくのでなくスイングした結果、ボールに当たる!!

タオルを使ったフルスイング（60ページ参照）と体幹スイング体操（64ページ参照）で身につけた体の使い方を基本にフルスイングをしてみましょう。

しかし、これだけで練習場に行っても、なかなかうまく打てないのがゴルフです。

ボールを置いた瞬間に、今までの体の使い方を忘れて、ボールを打ちにいってしまうのです。ボールにフェースを当てようとすることで、ボールに合わせたスイングになり、せっかく身につけた動きが乱れてしまうのです。

これを避けるためにも、練習場に行く前に、もうひとつだけやっておきたいことがあります。

クラブのソールを床や地面に滑らせるように素振りをしてみましょう。もちろん、ここでも最初は小さなスイングから始めることが大切です。

このとき大切なのが、上体だけを倒して前のめりになってしまわないこと。正しく体を折りたたんで（40ページ参照）ボールにセットしましょう。

自然にソールが床を滑るような安定した軌道を身につける

正しくアドレスをつくったところから、「ひざ～ひざ」の振り幅で、床にソールがスッと滑るように「ぶら～んスイング」をやってみよう。

ここでもクラブを止めずに、振り子のように往復させることが大切。床に2本のクラブを平行に並べ、その間で床にソールが擦るようにクラブを往復させよう。

ココで差が出る！ ゴルフのセンス

● ひざ～ひざのスイング

● 腰～腰のスイング

「腰～腰」の振り幅にして同じことをやってみよう。ヘッドが床に引っ掛からないように、リズムよくスムーズに振れるようにしておくことが大切

見落としがちな あるある注意点

最初からボールを打つとスイングが悪くなる!!

目の前にボールがあると、どうしてもフェースに当てたい気持ちが強くなり、今まで練習してきたスイングの意識が薄れてしまう。

ボールを意識するのでなく、ソールを床に滑らせたときのスイングを意識すれば、かならずボールにヒットすることを忘れないようにしよう。

NG 突っ込む

ボールに集中すると目とボールの距離が近づく

NG 体が開く

ボールをはたく意識が強いと体が開きやすくなる

スイングを安定させる3つの習慣を身につけよう!!

誰もが練習場に来たら、すぐにボールを打ちたくなってしまうことでしょう。しかし、誰よりも速く上達したいのであれば、ここはちょっとガマンです。

練習場に限らず、ラウンド当日にも、かならずやっておきたいことが３つあります。

まずひとつは、準備体操です。ゴルフスイングに必要な筋肉の柔軟性を高めておくことで、体がスムーズに動くようになります。

次に、打席に入る前のアドレスの入り方です。早く打ちたい気持ちが強くなると、アドレスがいい加減になってしまいがちです。アドレスの乱れから起こるミスショットをなくしましょう。

そして、ティ打ちや素振りです。初心者の場合、練習場でボールを打つ前に、練習してきた感覚を小さなスイングで思い出すことが大切です。上級者でも素振りなどをしておくといいでしょう。

この３つを習慣化して、練習前のルーティンにしておくといいでしょう。

練習場に着いたらやっておきたい

3つのルーティン

●体操(ストレッチ)

練習のときでも、体がスムーズに動かないとスイングは乱れてしまう。ラウンド当日はもちろん、練習で悪いフォームを身につけないためにも、かならず準備体操を行う習慣を身につけておこう。

70ページ参照

●アドレスの入り方

ラウンド中にボールを打つときはもちろん、練習場でのティ打ちやハーフショットのときにも、正しい手順でアドレスをつくることが大切。

続けて何球も打つときでも、4〜5球打ったところで、一度、打席から外れてアドレスをつくるようにすることで、アドレスに対する意識を高めよう。

46ページ参照

●ティ打ち

自分のスイングができ上がるまでは、練習の最初に、小さな振り幅で、ティを打ったり、ソールを床に滑らせたりすることで、正しい体の使い方を身につけやすくなる。ウォーミングアップのつもりで、正しい体の使い方を体に覚え込ませよう。

74ページ参照

スムーズなスイングを生み出す 準備体操

① 深呼吸

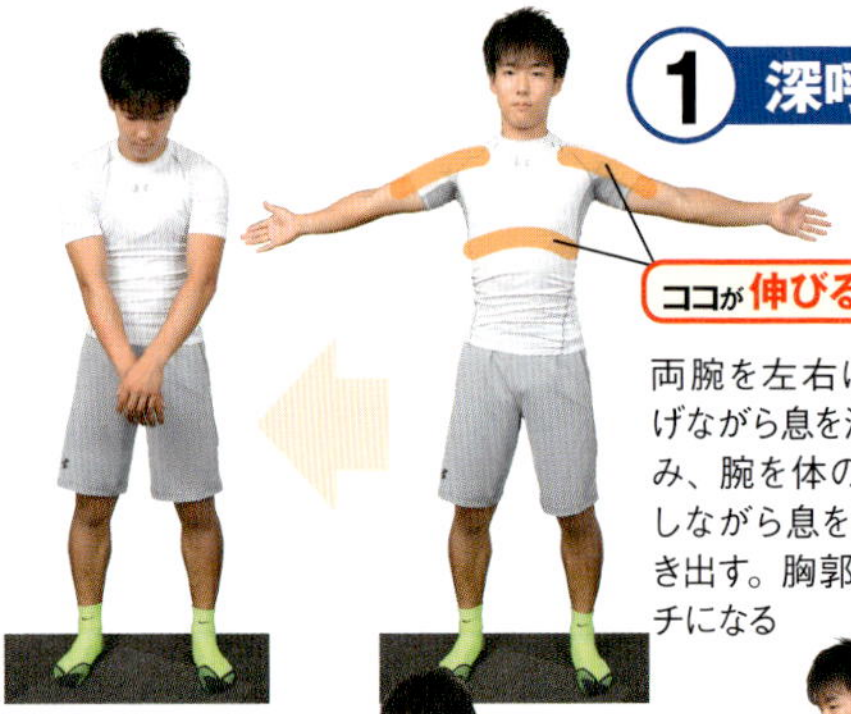

両腕を左右に大きく広げながら息を深く吸い込み、腕を体の正面に戻しながら息をゆっくり吐き出す。胸郭のストレッチになる

② 腰背部のストレッチ

肩幅より少し広めのスタンスで立ち、体の正面で手を組み、おへその位置を変えずに手を前に出すように背中を丸める

③ 背のび

腕が耳の横にくるように両腕を上に伸ばし、かかとを浮かせずに上下に引っ張るイメージで伸び上がる

体をスムーズに動かすためのストレッチを習慣化しよう!!

ゴルフはアドレスの位置から動かずに止まったボールを打つスポーツです。テニスやバドミントンのようにコートを走り回ることはありません。

他のスポーツに比べると、その運動量は少ないものの、体を移動してバランスをとれないぶんだけ、スイング動作での関節の動きは大きくなります。

また、テニスなどのラケットに比べると、ゴルフクラブのフェースは小さく、ボールも小さいため、よりスイングの精度が求められます。つまり、体のどこかの関節の動きが悪いと、その動きを補うために全身で調整しなければならなくなってしまうのです。これがスイングを乱す原因のひとつです。

とくに、ラウンド当日は、朝早くに起きて、電車や車で移動した後のプレーとなります。そのままの状態でベストのスイングができるわけがありません。

これは練習のときも同じです。スイング前に、動作に必要な筋肉を伸ばして、スムーズに動くようにしておきましょう。

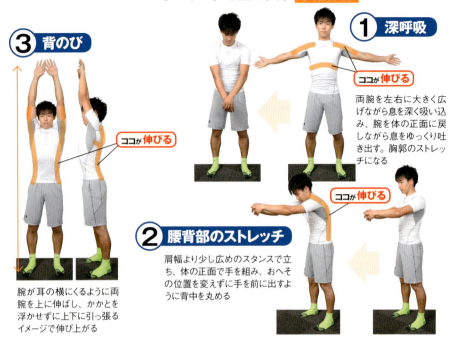

4 側屈

肩幅より少し広めのスタンスで立ち、片腕をまっすぐ上に伸ばしたところから、骨盤をなるべく傾けずに下ろしている手の方に体をゆっくり傾けて体側を伸ばす

5 肩のストレッチ

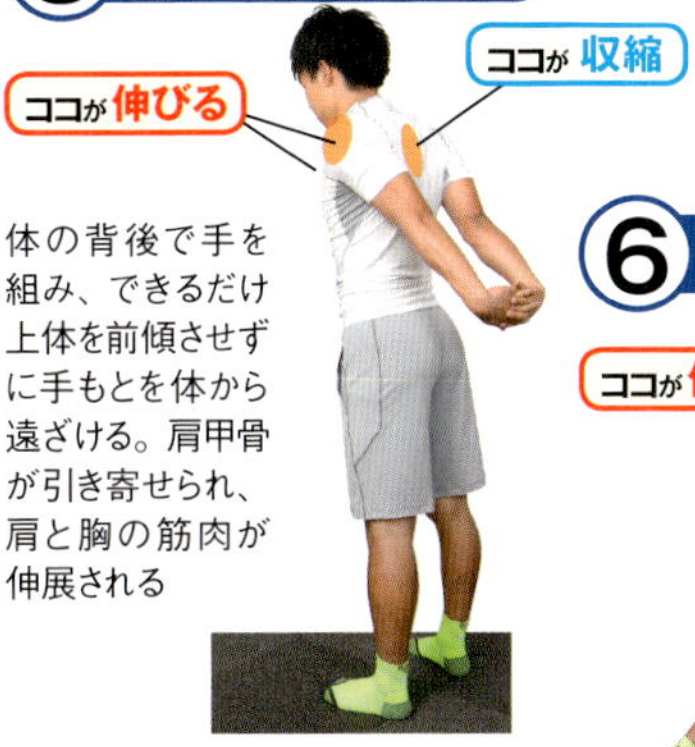

体の背後で手を組み、できるだけ上体を前傾させずに手もとを体から遠ざける。肩甲骨が引き寄せられ、肩と胸の筋肉が伸展される

6 開脚

足を左右に大きく広げ、片脚を伸ばしたまま、もう一方のひざを曲げる。伸ばしている脚の太もも内側と股関節まわりの筋肉が伸展する

7 股関節前面・脚の背面

脚を前後に開き、前方の脚を曲げ、後方の脚を伸ばす。できるだけ骨盤を前傾させずに、後方の脚のかかとを浮かせずに行う。後方の脚のつけ根と裏側の筋肉が伸展される

8 腰わり・肩入れ

脚を左右に大きく広げてひざ頭に手を置き、ひざが90度程度になるところまで腰を落とす。股関節まわりと太もも内側の筋肉が伸展する

腰わりの姿勢から片方の肩を前に出し、体を斜め方向に引っ張るように体幹をひねる。肩や腰まわりの筋肉、体幹部や股関節まわりの筋肉が伸展する

9 股関節のストレッチ

左右に脚を広げて立ったところからひざを軽く曲げ、片足に体重を乗せながら、反対側の脚を内側にひねる。ひねった脚側の股関節とひざまわりの筋肉が伸展する

● ひざ〜ひざのスイング

最初からボールを打たずにティ打ちから始めよう!!

ゴルフ初心者やスイングに悩みのある人に、ぜひやってほしいのが練習場でボールを打つ前の「ティ打ち」です。

自宅でやったヘッドを床に滑らせる練習を思い出して、ヘッドでゴムティを「パチーン、パチーン」と叩いてみましょう。

大切なのは、連続したスイングでクラブを戻すときにも、フェースの裏側でティを叩くことです。

最初は手もとが「ひざ〜ひざ」の小さなスイングから始め、手の高さが「腰〜腰」、「胸〜胸」の順に徐々に振り幅を広げていきましょう。タオルスイング同様、肩や腕に力を入れずにクラブの重みを意識することが大切です。

スイングのスピードを変えずに、ティを叩く音で一定のリズムを刻むイメージで、自宅で身につけた体の動きを確認しましょう。

ティにボールを乗せたときに、これと同じスイングができれば、正しくボールを打てることになります。

腰～腰のスイング

「ひざ～ひざ」でリズムよく打てるようになったら、振り幅を手もとが「腰～腰」の高さになるところまで広げよう。

胸～胸のスイング

さらに振り幅を広げて、手もとが「胸～胸」の高さになるところまで広げよう。

自宅でできる

ティ付きのゴムマットがあるようなら、練習場にいかなくても自宅で練習できる

ティ打ちに慣れてきたらソールを滑らせてみよう

コンスタントにティを打てるようになったら、マットにソールを滑らせるのもいいだろう。

ティを使わずに行うことで実際のアイアンショットに近いスイングをイメージできる。

1

「ひざ〜ひざ」の小さな振り幅でティ打ちを開始する

徐々に振り幅を広げて フルスイングでティを打とう!!

小さな振り幅からティ打ちを始めて、徐々にスイングを大きくしたところで、今度はフルスイングで「ティ打ち」をやってみましょう。

しかし、いきなりフルスイングにすると力みやすくなります。アドレスから一気にトップまで振り上げようとすると、体を無理にひねる意識が芽生えます。肩や腕に力が入ってしまうことで、スムーズにスイングできなくなってしまうのです。

最初に「ひざ〜ひざ」の振り幅でスイングを開始し、数回振り子のように動かしたところから、徐々に振り幅を広げていきましょう。

小さな振り幅から徐々にスイングを広げていくことで、遠心力を利用して、軌道を乱さずに、自然に大きなスイングができるようになります。

振り幅がフルスイングになっても、フィニッシュをとらずに、ティを打ちながらクラブを戻し、何回か連続してティを打ちましょう。

動きのなかで徐々に振り幅を広げ 最終的にフルスイングでティを打つ

2

徐々に「腰～腰」の振り幅に広げて数往復スイングする

3

さらに振り幅を「胸～胸」に広げ数往復スイングする

4

最後にフルスイングになってからもフィニッシュをとらずにスイングを続ける

動画でCheck! ティ打ち練習

URL 一連の動きを動画でチェックしよう

https://www.youtube.com/watch?v=0aWnBNmuSBo

- ●ひざ～ひざ
- ●腰～腰
- ●胸～胸
- ●フルスイング

ひざ〜ひざのショット

ティアップして、小さな幅のハーフスイングでボールを打つ

ティ打ち練習に慣れてきたところで、ティの上にボールを乗せて打ってみましょう。ここでも、最初は「ひざ〜ひざ」の小さな振り幅から始めることが大切です。

いざボールを打つとなると、できれば遠くまで気持ちよく飛ばしたくなるのが人情です。しかし、ここはグッとガマンして、飛距離のことは考えないようにしましょう。

もともとアイアンは飛距離を出すためのクラブではありません。番手（ロフト）に応じた飛距離を刻むことを目的につくられたクラブです。とはいえ、小さな振り幅ではインパクトの力が弱く、飛距離は出なくて当然です。

ここで身につけたいのは、インパクトでボールがフェースに乗る感覚です。小さなスイングでは飛距離は出ませんが、ボールが打ち出される角度はそれほど変わらないはずです。ボールがフェースに乗る感覚をつかんだら、徐々に振り幅を広げていきましょう。

インパクトのときにクラブでボールを「弾く」のでなく、「フェースに乗せる」のが正解

● 腰～腰のショット

「腰～腰」の振り幅に広げてボールを打つ

● 胸～胸のショット

「胸～胸」の振り幅に広げてボールを打つ

下半身が使えなかったり、下半身が左右に流れてしまうようならスタンスを少し狭めてみよう

小さな振り幅で打とうとしたときに、下半身が使えずに手だけのスイングになってしまう人は、スタンスを狭くすることで、力まずに体を回しやすくなる。

これは小さな振り幅で、ピンに寄せるためのアプローチと同じスタンスになる。体を回しやすいぶん、小さなスイングでも重心移動しやすくなるメリットがある。

ボールに当てる意識が強くなると下半身を使えず手打ちになりやすい

スタンス幅を狭めると体を回しやすくなる

動画でCheck! ハーフショット

URL 一連の動きを動画でチェックしよう

https://www.youtube.com/watch?v=0XAeQV-NWqU

●ひざ～ひざ
●腰～腰
●胸～胸
●フルスイング

ハーフショットに慣れてきたら フルスイングで打ってみよう!!

ハーフショットで振り幅を広げても、コンスタントに打てるようになってきたら、さらに振り幅を広げてフルスイングでボールを打ってみましょう。

フルショットをするときも、決して力む必要はありません。タオルスイング同様、自分のスイングをすれば、その途中に置いてあるボールにフェースが当たり、自然にボールが打ち出されます。

ボールをティに乗せている（ティアップ）ので、スイングの軌道が上下に多少ズレてもボールを打つことができます。ボールを打ちにいく意識がなくなったところで、ボールをティアップせずに打ってみましょう。

このときも力みは禁物。ソール（ヘッドの下側）をマットに滑らせる（66ページ参照）イメージでスイングすることが大切です。マットにソールが当たらなくても、ボールの下半分にリーディングエッジ（フェース下端）が当たれば、ボールは正しく打ち出されます。

ボールを打つことに慣れてきたら ティアップせずに打ってみよう

手もとを高くしてクラブが軽くなるところがトップの位置

クラブが水平になったところから体幹がひねられる

「ひざ〜ひざ」のハーフショットと同様に始動する

正しいアドレスのつくり方で正しく構える

自然にクラブが止まったところがフィニッシュになる

振り下ろした勢いにブレーキをかけず自然に振り抜く

ボールを打つ意識を持たずに通常通りにスイングする

左足への重心移動に合わせて腕を振り下ろす

動画でCheck! スイングの完成

URL 一連の動きを動画でチェックしよう

正面）https://www.youtube.com/watch?v=WJOJ2XFiwl0
後方）https://www.youtube.com/watch?v=nkcuCR7Ht8U

正面　後方

「点」でなく「線」をイメージして いつものスイングをする

ゴルフスイングについて語るときに、「トップの位置」、「スイングプレーン」、「フェースローテーション」などのスイングの一部を切り取った言葉や軌道に関する言葉をよく耳にします。

これは、あくまでもフォームや動きの解説をわかりやすくするために、必要な言葉として使っているだけです。

実際にスイングしている途中で、トップの位置がどこにあるか、スイングの軌道がどうなっているか、フェースの向きがどうなっているかなど分かるはずもありません。

正しいアドレスから、自然にスイングできていれば、ヘッドは同じ平面上（スイングプレーン）を移動します。このとき、正しいグリップができていれば、自然にフェースの向きも正しく変化（フェースローテーション）します。トップの位置は人それぞれでかまいません。

ゴルフスイングは連続した一連の動きです。点と点をつなぐのでなく、一連の動きを線でとらえることが大切です。

見落としがちな
あるある注意点

理想の形を意識すると スムーズに振れなくなくなる!?

人それぞれ体の柔軟性は違うもの。トップの位置が個々に異なるのは当たり前

フィニッシュ位置を気にするとどこかでスイングを調整しなければならなくなる

意図的に「手首のコックを戻す」のは難しい。正しいグリップで自然にスイングすれば、加速したところで手首は戻る

ヘッドスピードがもっとも速いインパクトのときに何か調整しようとしてもできるはずはない

スイングの勢いを意図的に調整せずに振り抜くのがフォロースルー

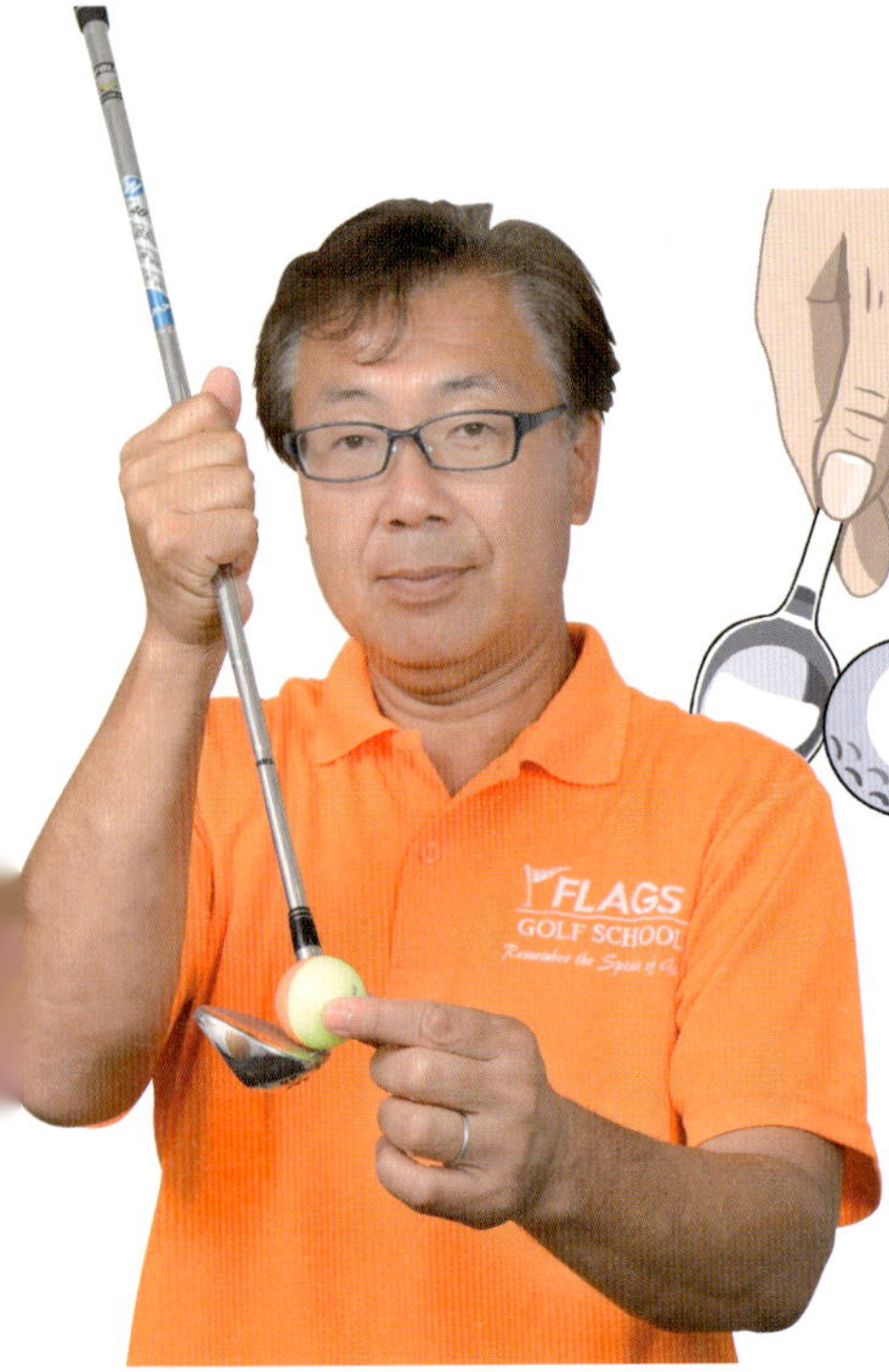

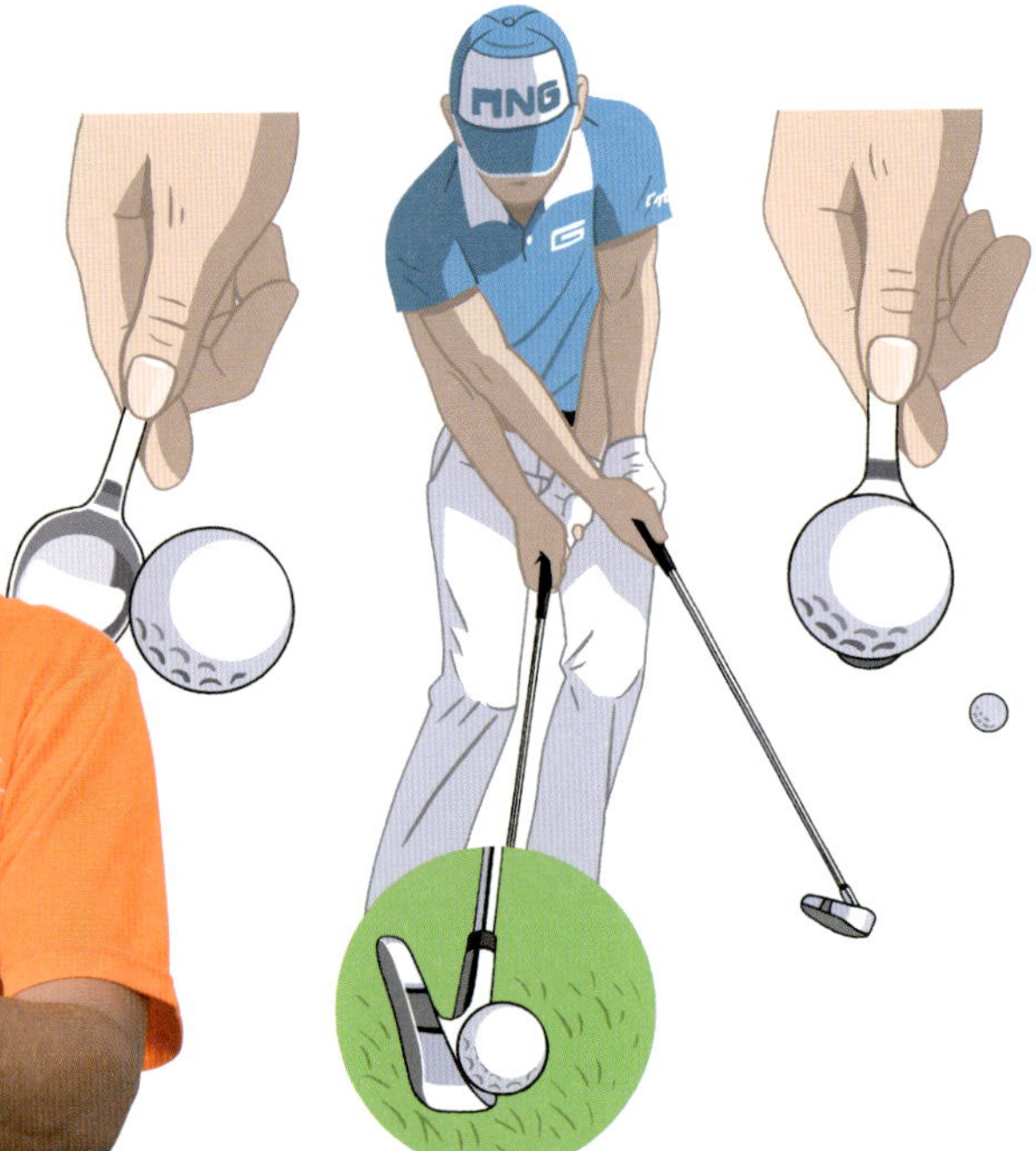

ボールがうまく飛ばない場合 当たる位置を確認しよう!!

インパクトでソールを床に滑らせる練習をしてきましたが、実際にボールを打とうとすると、打つときに手がしびれたりする人も多いことでしょう。

それは、ソールがマットで弾んで、ボールの中央もしくは上半分に当たってトップしてしまっているのです。練習場では、ライナー性の打球となりますが、実際の芝の上でスイングすると、地面にヘッドが刺さってボールは飛びません。これを「ダフり」と呼びます。

だからといって、「ピンポイントで地面に滑らせなければいけない」と神経質になる必要はありません。

インパクトでは、フェースの下端（リーディングエッジ）からボールに近づきます。このリーディングエッジがボールの下半分に当たれば、ソールしなくてもボールはきちんと飛ばせます。

ボールと地面の狭いすき間を通すのでなく、その上下数センチの間を通すイメージで、あれこれ考えずに自然に振り抜きましょう。

スイートスポットでのボールの弾み方やその周辺の打感を確認しておこう!!

フェースの上にボールを落としてみると、場所によって弾み方が違うことがわかる。フェースのほぼ中央あたりがよく弾む部分で「スイートスポット」と呼ばれている。ヘッドの重心位置との関係で、もっともスイングの力が伝わりやすい構造になっている。

この部分でボールにインパクトするためには、フェースの下端「リーディングエッジ」がボールのどこに当たるかが問題となる

下半球にクラブが当たればボールは上がる!! ボールを打つのでなく「フェースに乗せる」イメージを持とう!

インパクト付近でクラブをソールできれば、スイートスポットでボールをとらえられる。そして、インパクトでボールがつぶれ、フェースに乗ることで打ち出し角が決まる。

しかし、このようにピンポイントでボールにインパクトさせるのは非常に難しい。

実際は、ソールできずに多少クラブが浮いていても、リーディングエッジがボールの中心より下に当たれば、ボールを上げることができる。神経質になりすぎないように注意しよう。

クラブの長さがこれだけ違うから、
スイングの角度やボールとの距離も変わるんです
ピッチングウェッジ
7番アイアン

何となく打てるようになったら クラブを 2本持っていこう!!

7番アイアンで何となく打てるようになってきたら、今度はクラブを2本持って練習場に行ってみましょう。2本目のクラブはピッチングウェッジ（PW）がいいでしょう。

PWは7番アイアンよりも短いため、アドレスの姿勢が変わります。今までより少し深く体を折りたたむ必要があります。あとは今まで通りのスイングをすればいいのです。

クラブが短くなったぶん、手もととボールの距離が縮まるため、PWの方が打ちやすく感じる人も多いことでしょう。

練習場に着いたら、まずいつものルーティン（68ページ参照）を行い、7番アイアンで練習してからPWで打ってみましょう。

PWに慣れてきたら、「7番アイアンで5球打ったら、PWで5球打つ」と交互にクラブを換えて打つことで、クラブの長さに応じた姿勢の変化に対応できるようになります。

● ピッチングウェッジ(PW)のショット

PWは7番アイアンよりクラブが短いぶん、体を深くおりたたむ必要がある。クラブの座りがいいところにソールするとボールとの距離も近くなる。

スッと構えたところから ボールに合わせて自分が移動すれば、 番手ごとにボールの位置を決めなくてOK

クラブの座りがもっともいいところにソールして姿勢をつくり、そこからボールに合わせて立ち位置を調整すると、7番アイアンのときより、ボールは体の中心に近づく。

番手ごとのボール位置などを決めている人も多いが、細かいことを考えずに、自然に構えることで、ボール位置も自動的に決まる。

「うまく打ちたい」という気持ちがミスを引き起こす!?

自宅でのタオルスイングや素振りでスイングのイメージがつかめたとしても、「練習場に来ると打てない」という人も多いことでしょう。

さらには、振り幅の小さいハーフショットならちゃんと打てても、フルスイングになるといきなり打てなくなる人もいるはずです。

その原因は、フルショットをしようとしたときに生まれる気持ちの変化です。「ボールを飛ばしたい」、「まっすぐ打ちたい」、「正確にボールを捕らえたい」などという感情が生まれると、無意識のうちに肩や腕に力が入って、素振りのときと同じスイングができなくなってしまうのです。

これらと同様に、「空振りしたら恥ずかしい」、「正確にインパクトできない気がする」などというネガティブな感情も力みにつながります。

ボールを打つ感情を捨てて、自分のスイングをする途中にボールが置いてあると考えることが大切です。

見落としがちな あるある注意点

完璧なショットを追求する気持ちが「心の力み」を生み出す!!

ボールを置いた瞬間に生まれる「心の力み」が「体の力み」を引き起こし、ミスショットが生まれる。この特別な感情を抑えて、平常心を取り戻すために必要なのが、完璧を目指さないこと。

そこで大切になるのが「目の使い方」だ。ボールを見るときに、ボールに意識を集中するのでなく、ボールに視点を置きながらも、その周辺全体を見つめる「周辺視」をすることが大切。

これは、ターゲットに対しても同じ。目標を決めたときに、その1点に向かってスイングするのでなく、「大体あの辺」といったアバウトな感覚を持てば特別意識が生まれにくくなる。

目標を1点に置くのでなく、おおよその方向を範囲に広げることで気が楽になる

ボールの見方

ボール1点を見つめるのでなく、ボールを視界の中心に置き、その周囲をぼんやりと見ることで、ボールを打ちにいく気持ちが薄れる

NG 正確なインパクトを意識

正確にボールに当てにいく気持ちが強いと、ボールへの意識が強まり、アドレスやインパクトのときに徐々にボールと目の距離が短くなる

NG 目標方向を意識

目標に対してまっすぐ打つ気持ちが強いと、アドレスやインパクトのときに胸や体の向きが徐々にターゲット方向に向いて体が開いてしまう

ミスショットのほとんどは振り遅れが原因で起こる!?

練習場で最初にボールを打ったときに、ボールが右に曲がってしまう人が多いと思います。それは、フェースが開いた状態でインパクトすることで、ボールに右回転がかかるのが原因です。

その原因は「振り遅れ」です。腕の振りに対して、クラブが下りてくるタイミングが遅くなると、ボールに当てるためには手もとの位置を前にズラすしかありません。そこでフォームが乱れてしまうのです。

振り遅れは、必ずしもスイングスピードが遅いから起こるわけではありません。必要以上に速いスイングをしようとすると、シャフトが不自然にしなると同時に、ねじられてフェースが開きます。このねじれが大きくなると、戻るタイミングがインパクトに間に合わなくなります。

そこで、あれこれと考えた結果、左に曲がったり、目の前に落ちたり……など、様々なミスショットが飛び出すようになるのです。

見落としがちな

あるある注意点

速く振ろうとすると シャフトのしなりが戻らず 結果的に振り遅れる!!

飛距離を出したい気持ちが強かったり、腕だけでスイングすると、シャフトが大きくしなって、いかにも大きな遠心力がかかっていると勘違いしてしまう人も多いだろう。

しかし、シャフトがしなりすぎることで、フェースがスクエアに戻るタイミングも遅れるため、結果的に「振り遅れ」となってしまう。

振り遅れを調整すると気づかずに こんなにカッコ悪いスイングになってしまう!!

NG 突っ込み

ボールを打ちにいく意識が強いとインパクトで上体が突っ込む。写真左はボール方向、写真右は打ち出し方向への突っ込み

NG 手打ち

ボールに当てようとすると体の動きと腕の振りが連動しなくなる

NG すくい打ち

ボールを上げたい気持ちが強くなると下からすくい上げるスイングになる

NG 伸び上がり

ダフるのを嫌がってインパクトやフォロースルーで伸び上がる

NG 体の開き

振り遅れを嫌がって体を早く回転させるとインパクトで体が開く。写真左は上体の開き、写真右は腰の開き

NG 横振り

体の左に振り抜くスペースがなくなると横振りになる

NG スエー

振り遅れたフェースにインパクトを合わせようとして下半身が流れる

NG 後方に流れる

スクエアなインパクトを意識するとまっすぐ引いてスイングが乱れる

NG オーバースイング

飛ばしたい気持ちが強くなると振り幅が広がってスイングが乱れる

ミスショットのメカニズムを理解して原因をつきとめよう!

ミスショットのほとんどは「振り遅れ」もしくはそれを改善しようとすることで起こります。その打球の種類は、どのようにボールにインパクトしているかで決まります。

ここでは、ミスショットが出たときに、打球の種類からどんなインパクトになっているかを見ていきましょう。

本来、スイングのフォームがどうであれ、インパクト前後（インパクトゾーン）のクラブの動きが正しければ、狙った方向にボールは打てるはずです。しかし、スイングスピードが最大になるインパクトゾーンでヘッドの動きを意図的にコントロールするのは不可能です。

インパクトゾーンを安定させるために、スイングのフォームが大切になります。スイング動作のなかで、不自然な動きがあれば、そのぶんスイング軌道も安定しなくなってしまいます。

「ショットの安定はスイングから」という基本を忘れないことが大切です。

よく起こるミスショット

ボールに当たらない

●空振り

ボールの上をクラブが通過して当たらない。これも1打とみなされる

P.92参照

●ダフり

ボールの手前にクラブが刺さる。ボール近くに刺されば1m程度前に飛ぶこともある

P.94参照

ほとんど飛ばない

●シャンク

P.104参照

フェースのつけ根に当たると、どこに飛ぶかわからなくなる

●トップ

ボールの頭に当たると、ボールが目の前に落ちる「チョロ」になる

P.96参照

左右に打ち出す／曲がる

●引っかけ（プル）

ボールが目標方向より左にまっすぐ打ち出される

P.102参照

●プッシュアウト

ボールが目標方向より右にまっすぐ打ち出される

P.102参照

●フック

ボールに左回転がかかって、途中から大きく左に曲がっていく

P.100参照

●スライス

ボールに右回転がかかって、途中から大きく右に曲がっていく

P.98参照

「空振り」は気持ちの力み、スイング前から決まっている

ボールにヘッドが当たらないということは、明らかに「ティ打ち」のときと違ったスイングをしていることになります。その原因は「力み」です。

ボールを置いた瞬間に芽生えた感情の変化がスイングに表れて、普段のスイングができなくなってしまうのです。まず最初に、正しいアドレスをつくり、平常心にもどすことが大切です。

人間の体は脳の指令に基づいて動きますが、動作を開始した後にあれこれ考えて、それを実行しようとすると、体はスムーズに動きません。

ボールを打つ前に、スイングの注意点など思い出すかもしれませんが、それらはテークバックを開始する前に頭の中で整理しておくことが大切です。テークバックを始めた後は、何も考えてはいけません。

「ボールをよく見ろ」などと言われて、ボールに焦点を合わせてじっと見てしまうと、余計な思考が働きやすくなるので、ボールの見方にも注意しましょう。

こんなスイングになっている
ミスの原因

平常心を奪い去るさまざまな感情がいつものスイングをできなくさせる

「心の力み＝体の力み」です。力みと聞くと、強気ややる気がみなぎった状態をイメージしやすいが、実際は不安、迷い、特別意識など、あなたから平常心を奪い去るさまざまな敵が自分の中にいることを忘れてはいけない。

ここで紹介するような感情が少しでも頭をよぎったならば要注意。すぐに平常心を取り戻すことを考えよう。

こんな感情が生まれたら要注意!!

ポジティブな感情

- 飛距離を出したい
- カッコよく打ちたい
- うまく見せたい
- 今日は調子がいい
- 自分ならできるはず

ネガティブな感情

- ミスしたら恥ずかしい
- 誰かに見られている
- なんかいつもと違う
- ミスが出そうな感じがする
- 慎重に打たないと…

特別な感情が生まれたら効果的な儀式をやってみよう!

さらっと 解決

頭であれこれ考えると重心が高くなる。まさに「浮き足立った」姿勢だ。そんなときは、深呼吸して足もとを意識することで重心を下げることができる。

それでも力みがなくならない場合、全身に力を入れてみよう。筋肉に最大の緊張を与えることで、その後にリラックスできる。

目の使い方を意識する

P.87参照

「周辺視」でボールや目標方向を見ることで力みが生じにくい

アドレスをつくり直す

P.46参照

正しいアドレスの入り方を確認してアドレスのズレをなくす

まだ不安な人は

足もとを意識する

その場でジャンプしたり、足もとをパタパタさせるなど、足もとに意識を持っていくことで、重心が下がり肩や腕の力が抜ける

まだ力む人は

思いっ切り力んでスイングする

グリップを全力で握って、全身に力を入れて何回か素振りしてから、肩をスッと落とすことで余計な力が入りにくくなる

ボールを「打ち込む」意識が強いとクラブが地面に刺さる

ボールの手前の地面にクラブが刺さってしまうのが「ダフり」です。

練習場のゴムマットでは、クラブが刺さらないため、ボールの手前で床を打つことで、ヘッドがマットの上で弾んでボールの上側を打ってしまうことが多くなります。

原因は「力み」が生じることで、クラブがアドレス位置に戻らず、ボールに向かって上から下りてくる鋭角な軌道になったり、重心移動ができずに右足に重心が乗ったままでインパクトを迎えることにあります。

ボールを飛ばしたい気持ちや、ボールを打ちにいく意識が強いことで「力み」が生じます。テークバックで後方に体が流れたり、トップでオーバースイングになると、インパクトで上体がつっ込むことで鋭角にクラブが下りるスイングになることでダフりを生じます。

できるだけ「ボールを打つ意識」をなくし、スイング自体に集中することで改善されます。

見落としがちな
あるある注意点

多くの人が練習場で気づかずにダフりに磨きをかけている!?

練習場でボールの手前にクラブ下りてきたときに、ヘッドが弾んでトップするほどのダフりであれば、地面を打った衝撃やその打感でわかるだろう。

しかし、浅いダフリであれば、ソールがマットの上を滑って、何となくいい感じの打球が飛んでしまうのだ。これに気づかずに練習を続けていると、いざコースで芝の上から打とうとしたときに、地面にクラブが刺さってしまう。

この悪循環を避けるためにも、最初はティアップしたボールを打って、正しい打感を身につけよう。

こんなスイングになっている

ミスの原因 力むことで手打ちになりインパクトでつっ込む

NG 後方に流れる

まっすぐテークバックすることで腕の力に頼ったスイングになる

NG オーバースイング

打ちに行く意識が強いと不自然なスイングになる

NG インパクトでつっ込み

体幹を使えず腕主動のスイングになり上体がつっ込んで振り遅れる

さらっと解決

ボールを打ちにいく意識をなくし自分のスイングをすることに集中する

タオルスイング

タオルで体の動きを確認する

P.60参照

体幹スイング体操

体幹の使い方を確認する

P.64参照

ティ打ち

ボールを打ちにいく意識をなくす

P.72参照

ティショット

P.78参照

打感を確認しながらティショット

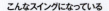

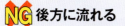

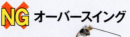

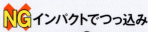

打ち出し方向やボールを気にしすぎるとチョロになる

ボールの上半分にクラブが当たることを「トップ」といいます。トップすると、打球はほとんど飛ばずに少し弾んで目の前に止まります。これを一般的に「チョロ」と呼んでいます。

通常、インパクトの位置でソールが地面から浮いているとトップします。よくトップする人は、まずはアドレスを確認し、姿勢に問題がなければスイングをチェックしましょう。

アドレスの重心バランスが前後にズレていたり、ボールに合わせてソールすることで姿勢が乱れていると、クラブの軌道も乱れてしまいます。

アドレスがきちんとできているようなら、問題はスイングにあります。ボールを置いた瞬間に力んで、腕の力に頼った「手振り」で体が使えていなかったり、逆に体を使いすぎてしまうことでスイングが乱れます。

クラブの重みを感じながら、自然な重心移動で体幹を使ったスイングができているかチェックしましょう。

リーディングエッジがボールの上半分に入る 3つのスイング軌道を考えてみよう!!

トップをするときのスイング軌道は大まかに3つのパターンが考えられる。①ヘッドが下りる途中のダウンブローでのインパクト、②最下点でのインパクト、③ヘッドが上がりながらインパクトするアッパーブローでのインパクトのいずれかになる。

体の左右の動きが大きいと①、前後の動きが大きいと②、重心移動ができていないと③になりやすい。

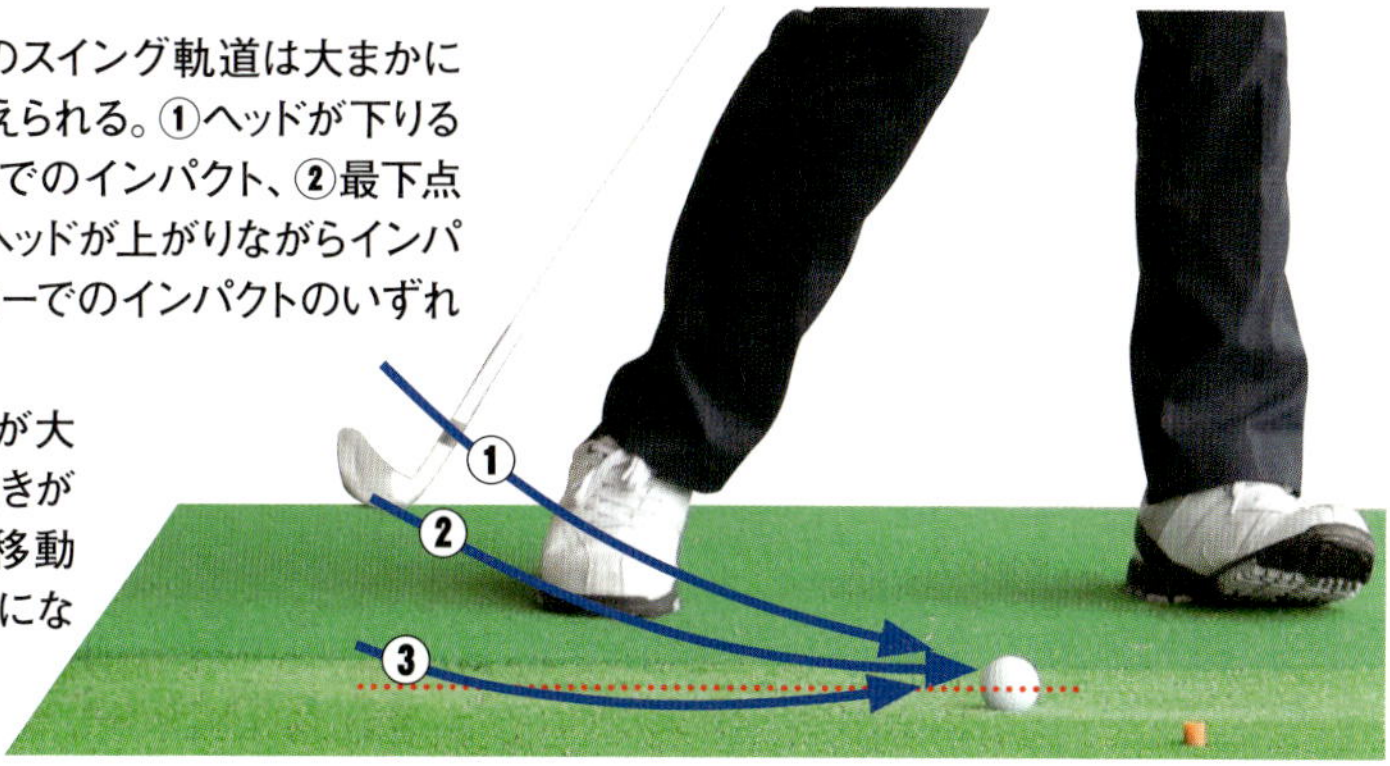

こんなスイングになっている

ミスの原因 振り遅れを体で軌道修正するとトップする

NG 伸び上がり

ダフるのを嫌がって伸び上がるとトップしやすくなる

NG スエー

ヘッドが遅れたぶん体が前に流れる

NG 体の開き

体を開いて振り遅れを調整するとインパクトが安定しない

NG 横振り

体の左側のスペースがなくなると振り抜けなくなる

さらっと解決 ボールを打ちにいく意識をなくし 自分のスイングをすることに集中する

クラブの重さを確認

P.36参照

クラブに振り回されるスイングになっている人は重みの感触を確認する

ソール方法を確認

P.44参照

トゥダウンにならないように手首とクラブの角度を維持しながらソールする

ソールを床に滑らせる

P.66参照

ボールの下半分にリーディングエッジが入るようにソールを滑らせる

ボールに右回転がかかると「スライス」して右に曲がる

ボールに当たるようになった初心者のほとんどが、最初に直面するミスショットが「スライス」でしょう。ボールに右回転がかかることで、大きく右に曲がっていきます。

これを何とかするために、あれこれ工夫して、たまたま出たナイスショットの印象が残ると、スイングはどんどん乱れていきます。

まっすぐに打ち出して、最後に少しだけ右に曲がる程度（フェード）であれば問題ありませんが、右に大きく曲がるようでは何とかしなければいけません。

スイングに「力み」が生じることで、インパクトでフェースが戻り切らない、体が開いて外側から内側に向かった軌道になる、インパクトでフェースを返そうとしてボールが捕まり切らないなどの理由で、スライスが生じます。

「体の回転」、「体のタメ」、「フェースに乗せる」などの意識が強いことでスイングが乱れるので注意しましょう。

こんなスイングになっている

ミスの原因 ボールを捕まえ切らずに右回転がかかって右に曲がる

●インサイドアウト軌道

ボールに対してヘッドが内側から下りるスイングだと、インパクトでフェースが戻らずボールに右回転がかかりやすい

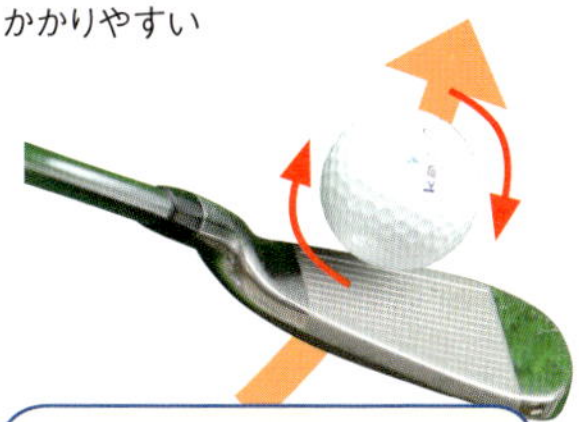

- ●胸が右向き、またはフェースが開いている
- ●下半身が伸び上がったり流れる(スエー)
- ●手首のリリースが遅い

●アウトサイドイン軌道

ボールに対してヘッドが外側から下りるカット軌道で、フェースが開いてインパクトするとボールに右回転がかかる

- ●胸が左向き、またはフェースが閉じている
- ●インパクト前に体が開く
- ●インパクトでヘッドアップ

●鋭角なスイング軌道

インパクトで急激にフェースを返すようなスイングで、ボールをとらえるタイミングが早くなるとボールが捕まらない

- ●手首を使ってボールを打とうとする
- ●クラブのしなりが戻り切らずにインパクトする

こんなスイングになっている

ミスの原因 フェースが戻り切らないと右に曲がる

NG 体の開き

体が先に開いてしまうとフェースの戻りが間に合わない

NG スエー

体が流れるとボールがつかまりにくくなる

NG すくい打ち

ボールの下にクラブを入れようとして手もとが先行するとフェースが開く

まずはアドレスを確認し、ズレていなければスイングを意識

さらっと解決

アドレスの姿勢やつくり方を確認

P.46参照

アドレスがズレているとスイングは乱れる。もう一度アドレスやフェースの向きを確認しよう

ティ打ち

小さな振り幅からのティ打ちでボールを打つのでなく当たる感覚を身につける

P.72参照

体幹スイング体操

正しい体の使い方をおぼえて力みのないスイングを身につける

P.64参照

スライスを直そうとすると今度は左に曲がり出す!?

ターゲットに向かってまっすぐに打ち出して、最後に少しだけ左に曲がる「ドローボール」とは異なり、ボールに左回転がかかって大きく曲がるのがフックです。

最初から打球が左に飛んでしまう人もいますが、スライスを直そうとして、いろいろと考えた挙げ句にフックが出る人が多いことでしょう。

もともとアウトサイドインのカット軌道が原因でスライスしている人が、スイングを変えずに単純にフェースを閉じればフックになります。

また、スライスするからといって、アドレスで手の位置を少し前にして（ハンドファースト）、フェースを立てるとアウトサイドインの軌道になります。

他にも、ボールが捕まらないからといって、フェースを返すタイミングを早くすることで起こるケースもあります。

多くの場合、スイングが乱れているため、深みにはまって悪い癖がつく前に正しいスイングに戻しておきましょう。

こんなスイングになっている

ミスの原因 捕まえようとしてフェースが閉じると左回転がかかる

●アドレスの乱れ

アドレスでフェースの向きがズレていると、そのまま振ればインパクトで引っかけて左回転がかかる

●見た目に惑わされて、フェースを立てて構える

●グリップの乱れなどから起こる過度のハンドファースト

●アウトサイドイン軌道

ボールに対してヘッドが外側から下りると、振り抜きが悪くなってボールに左回転がかかりやすくなる

●インパクトでの上体が突っ込んだり、前に流れる

●トップで起き上がったり、グリップに力みが生じる

●鋭角なスイング軌道

インパクトで急激にフェースを返すようなスイングで、ボールをとらえるタイミングが少しでも遅れると左回転がかかる

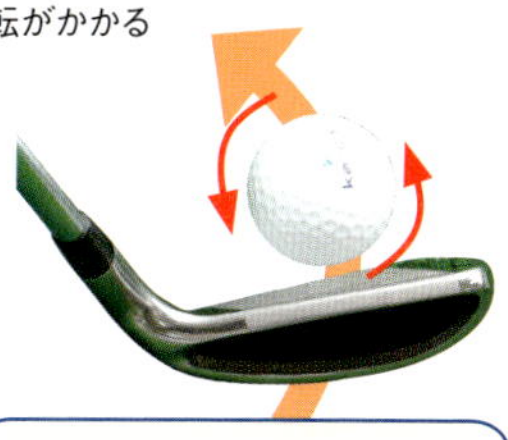

●手首を使ってボールを打とうとする

●クラブのしなり戻りのタイミングが早い

こんなスイングになっている

ミスの原因 スライス後に生じた感情がフックを引き起こす

NG アドレスのズレ

アドレスで体の向きや手もとの位置が乱れていることでボールの捕まりが悪くなり、手首を返したくなる

NG 手打ち

ボールを捕まえようと意図的に手首を返す

NG 横振り

スライスを解消するために体を早めに回転させる

さらっと解決 ボールを打ちにいく意識をなくし自分のスイングをすることに集中する

フェース向きを確認

正しいフェースの向きとクラブの重さを確認する

P.36参照

タオルでフルスイング

P.60参照

ボールを捕まえるのでなくスイングする感覚を身につける

正しくソールする

座りのいいところにヒールダウン気味にソール

P.44参照

フルスイングでティ打ち

P.74参照

自然に振り抜けばボールが捕まる感覚を身につける

胸の向きがズレていると左右にまっすぐ打ち出される!?

スライスやフックと異なり、最初から左右にまっすぐ打ち出してしまう人もいると思います。打球が右に出るのを「プッシュアウト」、左に出るのを「引っかけ」や「プル」などとと呼びます。

これらの多くは、アドレスの方向がズレていることが原因で起こります。まっすぐ構えているつもりでも、胸が左右に向いていれば、構えた方向にボールは打ち出されます。

スタンスで向きを合わせてしまったり、フェースの見た目で打ち出し方向を決めてしまうことでアドレスのズレが生じます。スタンスと胸の向きがズレている人も多いので、注意が必要です。

また、目標を意識しすぎることで体が開いて無意識に左を向いてしまったり、ボールを後方から見ようとして体が無意識に右を向いていることもあります。正しい手順でアドレスの姿勢をつくり、一度、向きを決めたら、それからは向きを調整しないようにすることが大切です。

スイングメイク
練習場でチェック
ミスの原因を理解

こんなスイングになっている

ミスの原因 インパクト時のスイング方向がズレると左右にまっすぐ飛ぶ

●アウトサイドイン軌道

ボールに対してヘッドが外側から下りる軌道で、ボールに対してまっすぐインパクトすると打球は左にまっすぐ飛ぶ

●インサイドアウト軌道

ボールに対してヘッドが内側から下りるスイングで、ボールに対してまっすぐインパクトすると打球は右にまっすぐ飛ぶ

こんなスイングになっている

ミスの原因 インパクトゾーンでスクエアに振れていない

NG アドレスのズレ

アドレスのときに胸の向きがスクエアになっていないとスイング方向もズレる

NG 体の開き

インパクトで体が開くことで左に振り抜くと左に出る

NG つっ込み

インパクトでつっ込んで右に振り抜くと右に出る

NG 振り抜けない

スイング方向が乱れていると横振りやかち上げるスイングになる

さらっと解決

まずはアドレスの胸の向きを確認、アドレスに問題なければ力みのないスムーズな動きを身につける

アドレスの姿勢やつくり方を確認

P.46参照

アドレスがズレているとスイングは乱れる。もう一度アドレスやフェースの向きを確認しよう

グリップを確認

力みを生じないようグリップを確認する

P.32参照

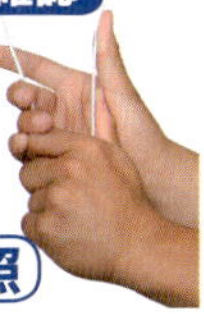

体幹スイング体操

正しい体の使い方をおぼえて力みのないスイングを身につける

P.64参照

タオルスイング

タオルで体の動きを確認する

P.60参照

ティ打ち

クラブを戻すときを意識することで軌道が安定する

P.72参照

「ミスをしたくない」という気持ちがミスを引き起こす!?

少し上達してきたところで、ちょこちょこ出てくるミスショットが「シャンク」です。ネック部分にボールが当たるため、打球はネックのヒール側に当たれば左、トゥ側に当たれば右に鋭角に飛び出します。

よくありがちなのが、トゥダウンのスイングで捕まりが悪いのを、ヒールダウン気味の意識をすることで、いいショットが出るようになった人がヒールダウンを意識することで起こるケースです。

また、スライスを伸び上がって調整しようとしたり、「インパクトを安定させたい」、「もっと上げたい」、「方向性をよくしたい」などの欲が出てきたときにも起こりがちなミスショットです。

スイングに少し慣れてくると、アドレスやグリップが乱れがちです。もう一度、正しい姿勢やグリップを確認すると同時に、正しいインパクトのイメージと体の使い方を確認しておくことが大切です。

こんなスイングになっている

ミスの原因 ネックに当たってしまうから どこに飛ぶかわからない!!

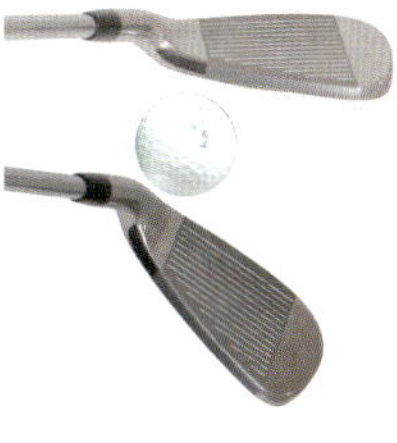

ヘッドが遅れたり、フェースの戻りが遅れたりするとネックに当たりやすい

こんなスイングになっている

ミスの原因 スイング意識がありながらも力んでしまう

NG 伸び上がり

上下動の大きなスイングでインパクトが安定しない

NG ヒールダウン

ヒールダウンを意識しすぎるとネックに当たりやすい

NG すくい打ち

上げようとしてフェースが遅れる

NG 手打ち

手首の動きが大きくインパクトが安定しない

NG 体の開き

インパクトで急激に軌道が変わるとフェースに当たりにくい

さらっと 解決

まずはアドレスを確認し、ズレていなければスイングを意識

体とボールとの距離を確認

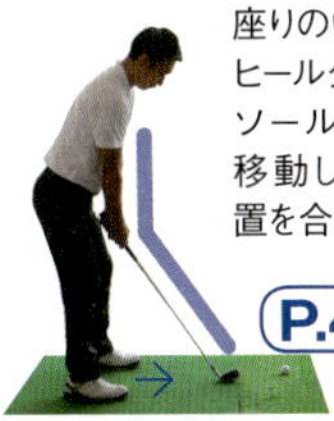

座りのいいところにヒールダウン気味にソールし、自分が移動してボール位置を合わせる

P.44参照

体幹スイング体操

正しい体の使い方をおぼえて力みのないスイングを身につける

P.64参照

グリップを確認

力みを生じないようグリップを確認する

P.32参照

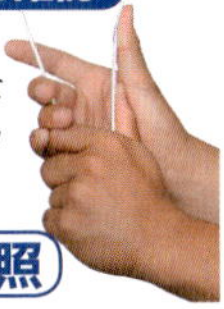

ソールを床に滑らせる

P.66参照

クラブがまっすぐに動くエリアの見え方を確認する

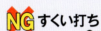

グリーンのマナー

グリーンの芝は非常にデリケート。ちょっとした傷でもボールの転がり方に影響する。騒いだり大きな音を立てないのはもちろん、芝への配慮も忘れないことが大切だ。

ボールが転がりやすいように、つねに丁寧に芝が短く刈られて整備されているグリーン。グリーン上でのボールの転がりはそれだけデリケートということになる。ホールアウトに向けた最後のストロークだけに、ゴルファーも非常に神経質になる局面と言える。

誰かが打とうとしているときに気が散るようなことをしないのがマナーだ。話しかけたり、音を立てたりしないのはもちろん。視界に入るところに立ったり、打つ人のライン上に陰が落ちないようにすることも大切。

また、グリーンに乗せたときに、ボールが落ちてグリーンが凹んでしまったら、その跡（ボールマーク）を直すのを忘れないようにしよう。

原則的には、カップから遠い人から順に打つので、自分のボールが他のプレーヤーのボールとカップまでのコース（ライン）の近くにあるときは、かならずマークすることも大切だ。

それ以外にも、他人のラインを踏むのは大きなマナー違反。グリーン上で飛び跳ねたり、走ったりすると芝が傷んでしまう。後続プレーヤーへの配慮が欠けるのも大きなマナー違反となる。

●ボールマークの直し方

ボールマークの外側にグリーンフォークを刺す

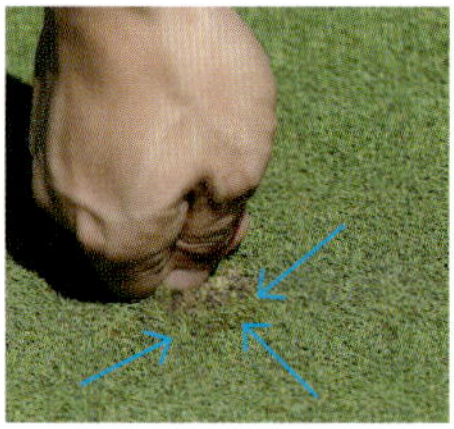
いろいろな方向から中心に向けて周囲の地面を引き寄せる

最後にパターのソールを使って平らにならす

てこのように地面を盛り上げてしまうと芝の根が切れてしまうので注意しよう

●ボールをマークする手順／ボールを戻す手順

ボールをマークする手順　1 → 2 → 3

ボールとカップを結んだ直線のボール後方にマーカーを置く

ボールを拾い上げる

マーカーが地面より飛び出ないように必要に応じて上から押さえる

3 ← 2 ← 1　ボールを戻す手順

Chapter 3

長くなってもスイングは同じ!?

飛んで曲がらない ドライバー&FW

ドライバーのメカニズム

シャフトが長くなってもヘッドが大きいから大丈夫!!

スイートエリアも大きくなる

7番アイアンやPWに慣れてきたらドライバーを打ってみましょう。

7番アイアンからPWに持ち替えたときに、誰もが打ちやすいと感じたことでしょう。それは、シャフトが短くなったぶんボールに当てやすくなるため、安心感が得られるからです。

しかし、ドライバーはすごく長く、アドレスの姿勢も立ち気味になります。その長さから不安に感じる人も多いかもしれませんが、心配は無用です。

シャフトが長くなったぶん、ヘッドも大きくできているのがドライバーです。そして、シャフトが大きくなると同時に「スイートエリア」も大きくできています。このエリアのどこかでインパクトできれば、ボールはまっすぐ打ち出され、それなりの飛距離を出すことができるのです。

スイートエリアの大きさはヘッドの形状や重心バランスによっても異なります。ヘッドにボールを弾ませて、弾み方の違いを確認しておきましょう。

ドライバーに関連する用語を知っておこう

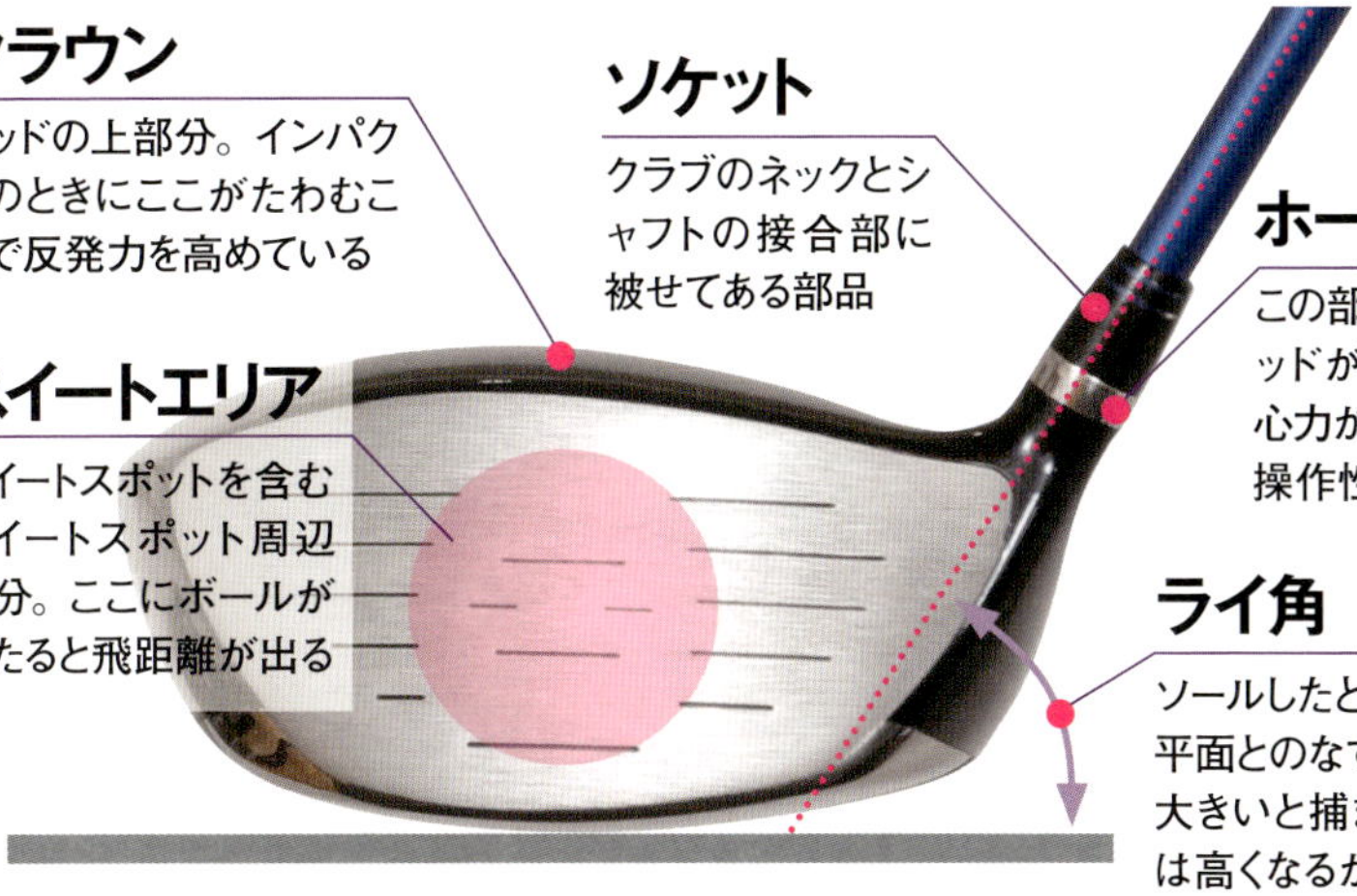

クラウン

ヘッドの上部分。インパクトのときにここがたわむことで反発力を高めている

ソケット

クラブのネックとシャフトの接合部に被せてある部品

ホーゼル

この部分が長いとヘッドが重くなって遠心力が増し、短いと操作性が高まる

スイートエリア

スイートスポットを含むスイートスポット周辺部分。ここにボールが当たると飛距離が出る

ライ角

ソールしたときのシャフトと水平面とのなす角度。ライ角が大きいと捕まりがよく、弾道は高くなるがフックや引っかけやすい。ライ角が小さいと低い弾道になるが、捕まりが悪くスライスしやすい

ロフト角

初心者、シニアや女性などはロフトが12°以上のものがオススメ

スイートスポット

重心

ヘッド厚

厚いものをデープヘッド、薄いものをシャローヘッドと呼ぶ。同じヘッドの体積であればシャロータイプの方が大きく見える

スイートスポット高さ

スイートスポットが低い低重心モデルはボールが上がりやすく、高いほど打ち出し角が低くなる

重心深度

ヘッドの重心からフェースまでの距離。ソールの後方に密度の大きな金属などを使って重心位置を調整している

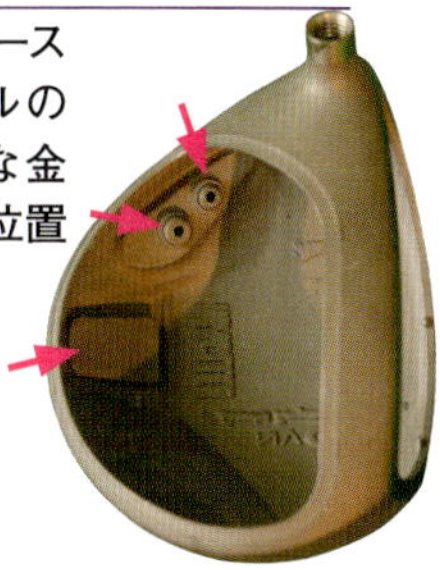

スイートスポットを確認しよう

フェースの上にボールを落として、弾み方の違いを見てみよう。もっとも弾む部分がスイートスポット。重心深度が長くなることで、スイートスポット周辺のスイートエリアが広くなっている

アドレス通りにスイングすれば自然に「アッパーブロー」になる

ドライバーとアイアンのもっとも大きな違いは「インパクトのタイミング」です。

ドライバーはティアップしてボールが地面より高いところにセットされているため、ヘッドが最下点を通過した後にボールに当たるのが正しいインパクトのタイミングです。

アイアンの場合は、スイングの最下点でシャフトのしなりが戻り、ヘッドスピードが最大に達します。しかし、シャフトの長いドライバーの場合、このタイミングでインパクトしてしまうとフェースが開いてボールは右に飛んでしまいます。

つまり、アイアンと同様に、スイングの最下点でボールに当たるイメージを持っていると、つねに振り遅れてしまうのです。

アイアンと同様に、正しいアドレスから胸の向きに普通にスイングすれば、自然にアッパーブローでインパクトできることを忘れないようにしましょう。

ティアップしているので普通にスイングした結果、自然にアッパーブローのインパクトを迎える!!

　ドライバーでは、ボールをティアップするぶん、左足寄りにボールをセットする。一見、フェースが上を向いて、高く打ち出されそうに感じるが、実際はインパクトのときにフェースが少し下を向くため、これが正しいインパクトのタイミングとなる。

おぼえておこう! この感じ

遠心力の大きいドライバーのインパクトは実際は非常に複雑。シャフトが逆にしなり❶、ヘッドが下を向き❷、フェースやクラウンが変形❸する

見落としがちな あるある注意点

ボールを打ちにいくとスイングが大きく乱れるのがドライバー

　ティアップしてボールを左足寄りにセットしているので、ボールを打ちにいく意識が強くなるとミスショットが起こりやすくなる。ボールを横から叩きにいくと上体が打ち出し方向に流れ、上から打ち込もうとすると突っ込んでしまう。

　また、アッパーブローを意識しすぎて、ボールを上げようとしても、スライス、フック、トップなどが起こりやすくなるので注意しよう。

NG 上体が流れる

NG つっ込み

NG あおり打ち

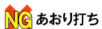

アドレスではティアップしたぶんボール位置も左になる

ドライバーのアドレスで気をつけたいのがボールをセットする位置。ヘッドがスイングの最下点を通過した後のアッパーブローのインパクトになるぶん、アイアンに比べてボールを左足寄りにセットする必要があります。

「左足のかかとの延長線上に置く」などと聞くことも多いかもしれませんが、実際はティの高さなどによっても位置は微妙に変わります。自分の打ちやすい高さと位置を確認しておくようにしましょう。

アドレスの入り方や姿勢のつくり方はアイアンのときと同じです。もっとも座りのいいところでヘッドをソールさせて、体を上下にバランスよく折りたたんだところが正しい姿勢です。シャフトが長いぶん、立ち位置がボールから離れ、姿勢も高くなるのが自然です。

アドレスをつくったところから、ターゲットを気にしすぎたり、ボールに意識を集中することで姿勢が乱れやすくなるので注意しましょう。

クラブが長いぶんだけ アドレスの姿勢が立って ボール位置も遠くなる

アイアンのときに比べて、ボールから遠くに立ち、姿勢も高くなるので、横振りになるイメージを持つ人も多いが、体の使い方はアイアンのときと同じ。腕を上げるのでなく重心移動から体幹をターンさせることで、ドライバーのスイングプレーンで自然にスイングできる。

見落としがちな
あるある注意点

ターゲットを気にしすぎたり ボールに集中すると姿勢が乱れる!!

構えた後にターゲット方向を意識しすぎると上体が開いて姿勢が乱れやすい

ボールに当てにいく意識が強いと無意識に目とボールの距離が近づき突っ込みやすい

ドライバーのミスショットで多く見られるのが「アドレスの乱れ」。ミスショットが出るとスイングに問題があると考えがちだが、スイングを見直す前に、まずはアドレスを確認しておくことが大切。

練習場でミスショットが多い人は、コースに出たら、ほぼ確実にミスが起こると考えられる。まずは正しいアドレスの姿勢を確実にとれるようにしておこう。

ひざ〜ひざのスイング

手もとが両ひざの間を移動するように左右にぶらぶらスイングする

長いタオルでゆったりとしたスイングを身につけよう!!

ドライバーのスイングを身につけるときも、アイアンのときと同様にタオルスイングから始めるのがいいでしょう。アイアンのときよりタオルを長めに持って、手もとが両ひざの幅を移動する程度の小さなスイングから練習しましょう。

タオルを長く持ったときに、少しでも手でコントロールしようとすると振り子の動きはブレてしまいます。より体幹の動きを意識して、自然にぶらぶらさせる必要があります。

タオルスイングに慣れてきたら、クラブに持ち替えて、小さな振り幅で左右にスイングしてみましょう。

このときも、体の正面ではヘッドがほぼまっすぐに移動するように見えるはずです。この感覚を身につけておくことで、振り幅を広げてヘッドが視界から消えても、どこに下りてくるのが正解かを確認できるようになります。

慣れてきたら、アイアン同様、徐々に振り幅を広げていきましょう。

ドライバーに持ち替えて確認。ヘッドの見え方を身につけよう!

タオルスイングで体の動きを身につけたら、ひざ～ひざの振り幅でドライバーを振ってみよう。ドライバーのスイングでも、体の正面の約90°の範囲（ストレートゾーン）では、自分から見るとほぼまっすぐにヘッドが移動しているように見える。

この範囲を超えたところからクラブは上がって、徐々に視界の外に移動していくが、ダウンスイングでこのストレートゾーンを通す意識を持つことが大切。ボールを打ちにいくのでなく、ここにクラブを通すイメージでスイングしよう。

● 腰～腰のスイング

手もとが腰の高さになるところまでスイング幅を広げてみよう。このときも体の正面のストレートゾーンにタオルの結び目を通すイメージを持つことが大切だ

● ひざ〜ひざのスイング

小さな振り幅のティ打ち練習でスイング意識を高めよう!!

タオルスイングに慣れてきたら、ティ打ちをやってみましょう。アイアンのときと同様に、クラブを左右にぶらぶらさせてゴムティを弾きます。クラブを戻すときもフェースの裏側でティを弾くようにストレートゾーンにヘッドを通すことが大切です。

アイアンのときは、ティが体のほぼ正面になるように立ちましたが、ドライバーのときは実際にティアップするときのボール位置にティがくるように立って行うことが大切です。

最初は「ひざ〜ひざ」の振り幅で始め、慣れてきたら「腰〜腰」、「胸〜胸」と徐々に振り幅を広げ、最後はフルスイングでできるようにしておきましょう。

アイアンよりもシャフトが長くなるため、ティに当てることを目的にスイングをしていると、スイングが大きくなるにつれて、なかなかうまく当たらなくなります。ティに当たらなくなってきたら、ストレートゾーンを意識してスイングするようにしましょう。

●腰～腰のスイング

手もとが腰の高さになるところまで振り幅を広げると、途中からヘッドが視界に入らなくなるが、ヘッドの軌道をコントロールしようとしないことが大切

●胸～胸のスイング

腕が胸の高さで水平になったところでクラブが立って軽く感じるところまでのスイング。スイングが大きくなるとティに当てにいきたくなってしまう。うまく当たらなかったり、復路の動きがぎこちなくなる場合は、体の正面のストレートゾーンを意識しよう

●フルスイング

フルスイングで行うときもストレートゾーンにヘッドを通すイメージを忘れないようにしよう。体の正面あたりを全体的にぼんやり見るイメージでスイングすることでティへの意識を薄めることができる

● ひざ〜ひざのスイング

フェースのもっとも弾む部分にボールが「乗る」イメージをつかもう

飛距離や飛び方を気にせず ハーフショットで打ってみよう

コンスタントにティを打てるようになってきたら、ティアップしたボールを打ってみましょう。ここでも、最初は「ひざ〜ひざ」の小さな振り幅から始め、「腰〜腰」、「胸〜胸」と徐々にスイングを大きくしていくことが大切です。

ここで注意したいのが、ボールが飛ばなくても気にしないことです。

最初にも解説したように、ドライバーはインパクトで非常に複雑なメカニズムのもとにボールの飛距離が出るように設計されています。その前提となるのがヘッドスピードです。

ドライバーはシャフトが長いぶん、スイングのときに大きな遠心力が生まれます。小さな振り幅では十分な遠心力が得られないため、飛距離が出なくて当然です。

もし、正しくインパクトできていたとしても、打ち出される打球はライナーとなり、飛距離もほとんど出ないはずです。最初に確認した打感を得ることだけを意識して打つことが大切です。

腰〜腰のスイング

手もとが腰の高さになるところまで振り幅を広げ、ヘッドが見えないところから下りてくるとボールに当てたい気持ちが強くなるので、ストレートゾーンを意識することが大切

胸〜胸のスイング

さらにスイングの幅を広げ、手もとが胸の高さくらいまでになると、遠心力が大きくなって少し飛距離が出るようになる。ボールが打ち出されるときの勢いが強くなっても、ボールを飛ばすための動作が生じないように気をつけよう

動画でCheck! **ハーフスイング/ショット**

URL 一連の動きを動画でチェックしよう

https://www.youtube.com/watch?v=DrM-7pnh_Rk

- ●ティ打ち
- ●ハーフスイング 振り幅: 小〜大
- ●ハーフショット 振り幅: 小〜大

力まず「スムーズなスイング」が飛距離アップにつながる!!

ハーフショットで打てるようになってきたらフルスイングで打ってみましょう。スイングが大きくなっても力みは禁物です。

体の使い方は、体幹スイング体操(64ページ参照)と同じ程度でかまいません。飛距離が気になるようになると、無理に体をひねろうとしたり、トップが大きくなりすぎることで、ダウンスイングで力みが生じます。

腕や肩に力が入ってしまうと、シャフトのしなり戻しの力が活かせずに、結果的にスイングスピードも遅くなってしまいます。

基本のスイングを意識して、より自然でスムーズなスイングをすることで、クラブの性能を最大限に活かしたスイングをすることが大切です。

体幹スイング体操

P.64参照

動画でCheck! ドライバーショット

URL 一連の動きを動画でチェックしよう

正面）https://www.youtube.com/watch?v=D2oa7G4FQso
後方）https://www.youtube.com/watch?v=y8e2Uz2ZSLM

正面 後方

ラウンドを見据えた練習をしておくことが上達の近道!!

ドライバーが打てるようになってきたら、ドライバーと7番アイアンを持って練習場にいきましょう。

最初にドライバーで3～5球打ったところで7番アイアンに持ち替えて3～5球打ってみましょう。クラブを持ち替えることに違和感がなくなってきたら、1球ごとにクラブを替えて打つといいでしょう。

実際にコースをラウンドするときに、OBなどをしない限りは、ドライバーで2球連続して打つことはありません。つまり、1球ごとにクラブを替えるため、それと同時にアドレスも調整する必要があるのです。

練習場でも、1球ごとにクラブを替えて打つことが、実際のラウンドにも大きく役立ちます。慣れてきたら、9番アイアンやPWなどのショートアイアンも加えて、3本で練習するとさらに効果的です。

練習場でも、確実にラウンドにつながる練習をしておくことが大切です。

Tee Shot

❶ ドライバー

実際のラウンドでは、最初の1打はかならずドライバー。練習場でもアドレスの入り方から正しく練習しておこう

2nd Shot

❷ 7番アイアン

コースの大半を占めるパー4 のホールでのセカンドショットをイメージして7番アイアンで打ってみよう

● うまく打てない人は

クラブを2本にしたときに、7番アイアンがうまく打てなくなってしまうようなら、7番アイアンのときもティアップして打つといいだろう。まず長さの変化に慣れていこう

❸ 慣れてきたらショートアイアン

ドライバーと7番アイアンに慣れてきたら、9番アイアンやPWを加えて3オンをイメージして3本のクラブで練習しよう

ドライバー編 ミスショットの種類とメカニズムを理解しよう!!

ドライバーのミスショットも基本的にはアイアンと同じです。もともとは力みから起こる「振り遅れ」が原因で、それをなくそうとしてさまざまな症状に発展していきます。

アイアンできちんと打てていた人でも、ドライバーを握ると力んで、フェースが開いてスライスしてしまう人も多いことでしょう。

ドライバー独特のミスショットとして挙げられるのが「テンプラ」です。ティアップすることで、フェースの上側のエッジがボールの下半分に当たってしまうと、ボールは高く上がって飛距離が出ない打球になります。

また、フェースでボールを捕らえたとしても、かちあげるようなスイングになって、ロフト以上に高く上がってしまうこともあります。

それ以外にも、特殊な呼び名がついているものがありますが、基本的にはアイアンでも起こるミスショットと同じです。

● 昭和の大砲（あおり打ち）

アッパーブローを意識してかち上げるようなスイングになってしまうと、ボールは高く上がり、思ったほど飛距離が出なくなる。

不自然な姿勢になるため、方向性も安定しない。

● チョロ（トップ）

ボールの上半分にインパクトして目の前に落ちるのがトップ。赤道付近に当たるとライナー性の打球になる。

ティアップしているため、ダウンブローだけでなく、アッパーブローでトップする人も多く見られる。

● チーピン（フック）

ドライバーのティショットでのフックを「チーピン」と呼ぶことも多い。麻雀牌のピンズの「7」の柄に弾道を例えた俗称。

「飛ばしたい」という欲や不安がもっとも生じるドライバー

ドライバーは、何かとメンタルの影響を受けやすいクラブです。「遠くに飛ばしたい」、「〇〇に飛距離は負けたくない」などという欲が出たり、「曲がったらどうしよう」、「慎重に打たないと」などという不安が生じる人も多いことでしょう。

それに加えて、ティグランドから打つため、「みんなに見られている」、「ミスショットをしたら恥ずかしい」、「曲げたらみんなに迷惑がかかる」などのプレッシャーから緊張してしまうケースもあります。

また、前のホールを終えて、最初のショットとなるため、「このホールこそは」、「ここから気分を入れ替える」、「この一打で今日の調子がわかる」などの特別意識が生まれやすくなります。

これらのすべての感情が、あなたからスムーズなスイングを奪う「敵」となるのです。つねに平常心を保って、動作を開始したら、思考を働かせずに無心でスイングすることが大切です。

ドライバーは飛距離が出るぶん ミスショットの傷口が大きくなる!!

飛距離を出すためのクラブがドライバー。ティアップして打つため、ライの影響を受けない反面、ミスショットをしたときの傷口がもっとも大きいのがドライバーだ。苦手意識があるようなら、無理にドライバーを使わず、最初はアイアンで刻んだ方がスコアがまとまるだろう。

見落としがちな
あるある注意点

ボールでなくスイングに集中!? 普通に集中しようとすると力みやすいってどういうこと?

日ごろ勉強や仕事で集中することの多い勤勉な方々は、いざゴルフで「集中」しようとすると、普段通りに頭であれこれと考えたり、ボールをじっと見てしまうもの。

しかし、思考が働くことで、体の動きは滑らかさを失い、ミスショットの原因となるのが関の山。

アドレスの姿勢やスイング中の注意点などが頭に浮かんだとしても、スイングを開始するまでに考えをまとめ、その後はいいスイングイメージだけを頭に描く程度で何も考えずにスイングすることが大切だ。

体に無駄な力が入らずに、自分が景色に同化するような、研ぎすまされた感覚が「ゴルフの集中力」。このとき大切なのが、視線は何か1点を凝視するのでなく、ボールを中心にその周辺をぼんやり見る周辺視を行う、剣道でいうところの「遠山の目つけ」をすること。これが集中力が高まった状態ということをおぼえておこう。

形はドライバーに似ているが アイアンの延長がFWだ!!

ドライバーに一見似たクラブにフェアウェイウッドやユーティリティと呼ばれるものがあります。ドライバーと同じ「ウッド」に分類されますが、使い方としては、距離が出て、ダフりにくいアイアンと考えておくといいでしょう。

フェアウェイウッドとユーティリティの違いはヘッドの大きさとシャフトの長さ。同じロフトでもユーティリティの方がヘッドが小さく、シャフトが短いため、飛距離も短くなります。

これらのクラブを使うメリットは、ある程度のスイングスピードがないとボールが上がらないロングアイアンに比べて、比較的かんたんに同距離のショットが打てることです。

また、ヘッドが大きいため、アイアンに比べてダフりにくいメリットがあります。

ある程度ラウンドした後で、自分のセットと飛距離を考えたときに、その間の距離を埋めるクラブとして使用するといいでしょう。

フェアウェイウッドの番手とロフト

フェアウェイウッドのロフトや飛距離を知っておこう。フェアウェイウッドを使うときは、飛距離だけでなく重さも重要になる。

通常、アイアンは番手が大きくなるにつれて重くなる。その流れでフェアウェイウッドやユーティリティを入れるのが理想だが、クラブ重量はメーカーによってまちまち。最低でも手前のアイアンより軽いものを選ぶようにしよう。

番手（俗称）	ロフト/シャフト	飛距離の目安	クラブの特性
3番ウッド（スプーン）	15°前後 約43インチ	男性：210ヤード 女性：150ヤード	ロフトが小さいため、ティアップせずに打つのは初心者には難しい
4番ウッド（バフィー）	16.5°前後 約42.5インチ	男性：200ヤード 女性：140ヤード	ロフトが小さいため、ティアップせずに打つのは初心者には難しい
5番ウッド（クリーク）	18°前後 約42.5インチ	男性：190ヤード 女性：135ヤード	3、4番ウッドに比べると、フェアウェイからも打ちやすい
7番ウッド	21°前後 約42インチ	男性：180ヤード 女性：125ヤード	フェアウェイからも打ちやすく、上がりやすいので初心者にも使いやすい
9番ウッド	24°前後 約41.5インチ	男性：170ヤード 女性：115ヤード	フェアウェイからも打ちやすく、上がりやすいので初心者にも使いやすい

ドライバーは飛距離が出るぶん ミスショットの傷口が大きくなる!!

一般的なユーティリティのロフトと長さは、17度…40インチ、19度…39.5インチ、21度…39インチ、24度…38.5インチ、27度…38インチ。同じロフトでもフェアウェイウッドに比べてユーティリティの方が3インチ前後長さが短いぶん、飛距離も短くなる。

フェアウェイウッドのヘッドは重心が深いため高弾道でキャリーが出しやすいのに対して、ユーティリティは重心が浅く直線的で強い弾道の打球を打ちやすいのが特徴。

難しいロングアイアンで打てない距離を埋めるために必要な番手を購入するといいだろう。

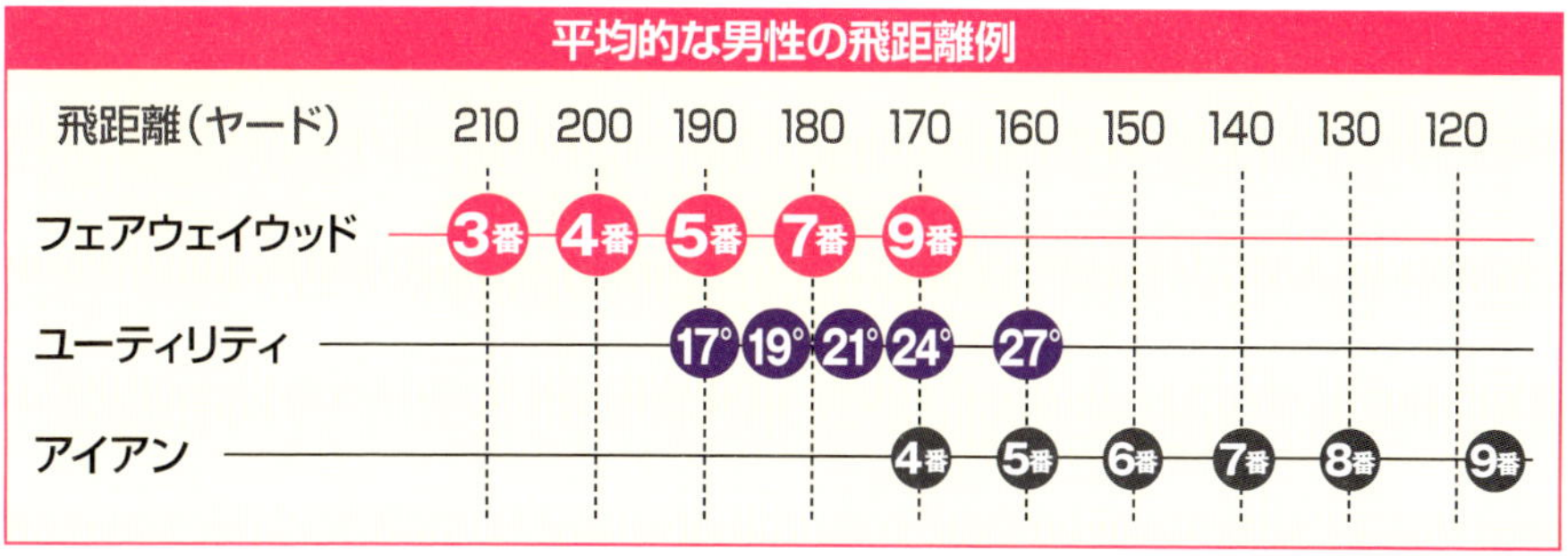

FWはアイアンとほぼ同じ ボール位置が少し変わるだけ

フェアウェイウッドの打ち方も、基本的にアイアンと同じです。7番アイアンより長く、ドライバーより短いぶん、アドレスの姿勢がそれらの中間くらいになり、ボールの位置が少し変わります。

ショートホールなどでコース戦略上の理由で、ティショットでフェアウェイウッドを使うこともあるかと思います。このときに気をつけたいのが、ティの高さです。

ドライバーと違って、フェアウェイウッドやユーティリティには、ボールを上げるのに十分なロフトがついているのでティアップは不要です。ティを使って打つ人は、ライの影響を受けないためにティを使うだけで、ボールを高くセットするためではありません。

ドライバーのようにアッパーブローでインパクトするわけではないので、ボール位置も構えたところにセットするのが基本です。ドライバーのように高くティアップすると、ロフト通りの飛距離が出なくなるので注意しましょう。

FWはアドレスもスイング面もアイアンとドライバーのほぼ中間

7番アイアン

フェアウェイウッド

ドライバー

動画でCheck! フェアウェイウッド

URL 一連の動きを動画でチェックしよう

正面）https://www.youtube.com/watch?v=7NN90LfXkVI
後方）https://www.youtube.com/watch?v=64hXvfpcNOg

正面　後方

❶ 気をつけドリル

足を揃えることで体を回転しやすくなる。普段、体幹を使えずに手打ちになっている人に有効なドリル

両足を揃えてボールの前に立ち、スタンスを閉じたままボールにセットする

FWがうまく打てない人は3つのドリルをやってみよう!!

フェアウェイウッドの打ち方も、基本はアイアンと同じです。7番アイアンとドライバーの中間くらいのアドレスで普通にスイングするだけでクラブなりの弾道で打つことができます。

しかし、なかにはフェアウェイウッドが苦手という人もいるようです。ヘッドの形状やティアップせずにウッドで打つことに違和感を感じる人も多いようです。

体幹が使えずに手打ちになってしまうことで、クラブなりの飛距離が出なくなったりミスショットが出る人は、スタンスを狭くした「①気をつけドリル」で体幹の使い方を身につけましょう。

その逆に、体が回りすぎてインパクトが安定しない人には、広めのスタンスで重心移動を抑えたスイングを身につける「②どっしりドリル」が効果的です。

また、手首を使いすぎてしまう人は、「③クロスハンドドリル」で正しい体の使い方を身につけることができます。

❷ どっしりドリル

普段の1.5 倍程度のスタンスでスイングを開始する。スタンスを広げることで体幹を回しにくくなる

普通にボールにセットしたところから、左右にスタンスを広げて立つ

普段、体が回りすぎてショットが安定しない人に有効なドリル。正しい体幹の使い方を身につけよう

手打ちではなく、小さな動きのなかでも体幹を使ったスイングを心がける

動画でCheck! **フェアウェイウッドドリル①②**

URL 一連の動きを動画でチェックしよう

気をつけ）https://www.youtube.com/watch?v=1EOBk9-v_yM
どっしり）https://www.youtube.com/watch?v=tejdfRG0q9g&t=2s

気をつけ　どっしり

❸ クロスハンドドリル

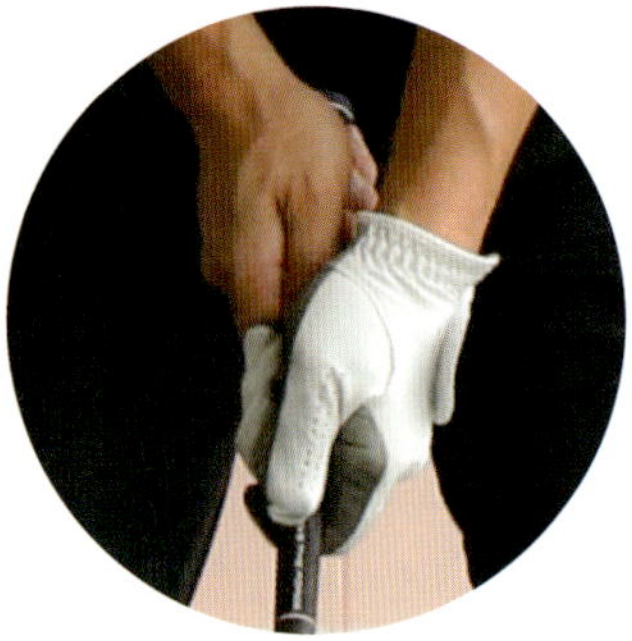

左右の手を入れ替えて握るのが「クロスハンドグリップ」。このように握ることで右手首の動きが制限される

グリップをクロスハンドに握って（写真右参照）、通常のスタンスで構えたところからスイングを開始する

日ごろから手首を使いすぎることでインパクトが安定しない人に有効なドリル

右手の手首の動きが制限されるため、左腕の動きが主動のスイングになる。このときの体の使い方をおぼえておくことが大切

フェアウェイウッドドリル③

動画でCheck!

URL 一連の動きを動画でチェックしよう

クロスハンド）https://www.youtube.com/watch?v=8xf2VbYup-4

Chapter 4

ストロークもショットも基本は同じ!!

自宅でかんたんにうまくなる

パッティング & アプローチ

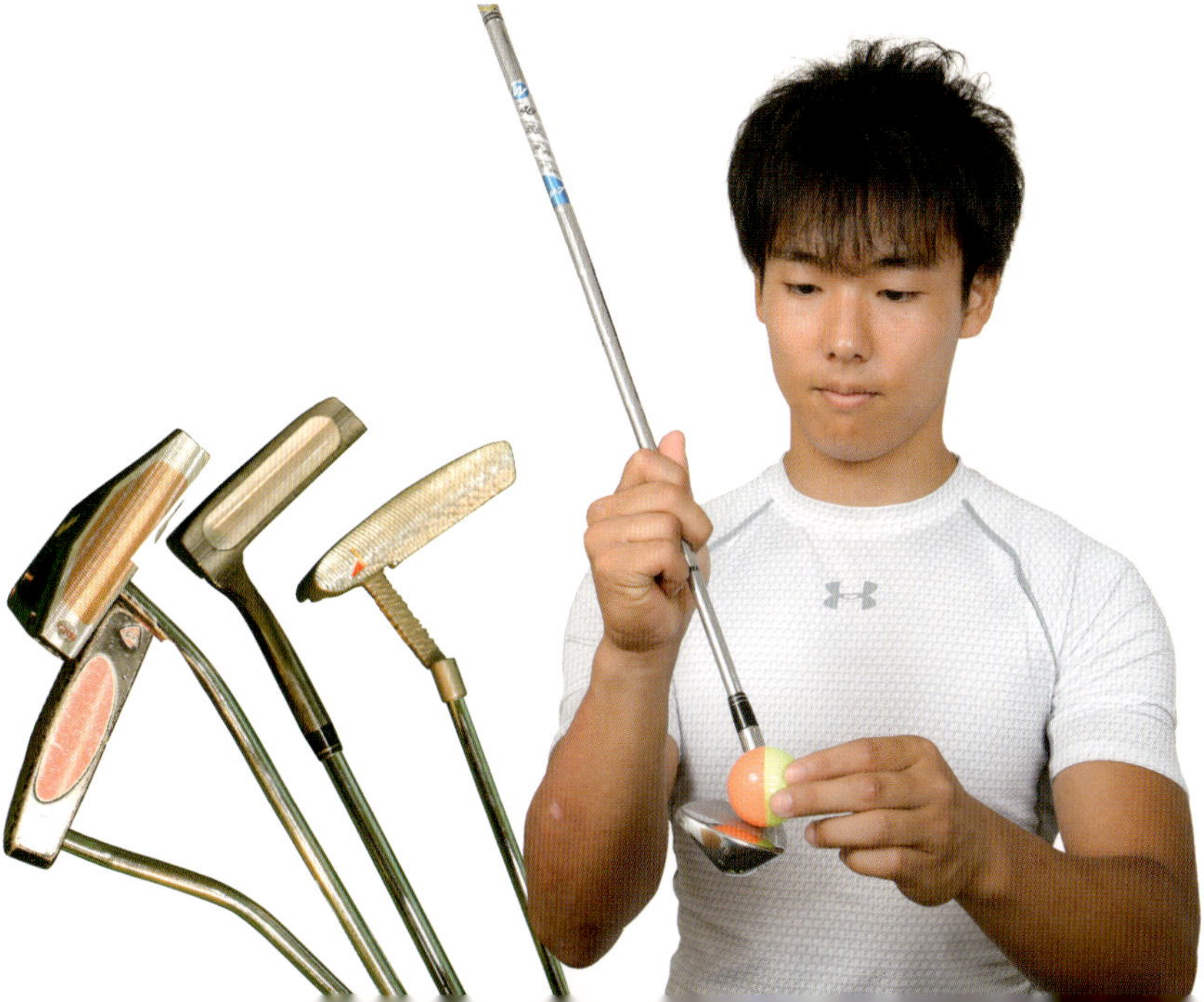

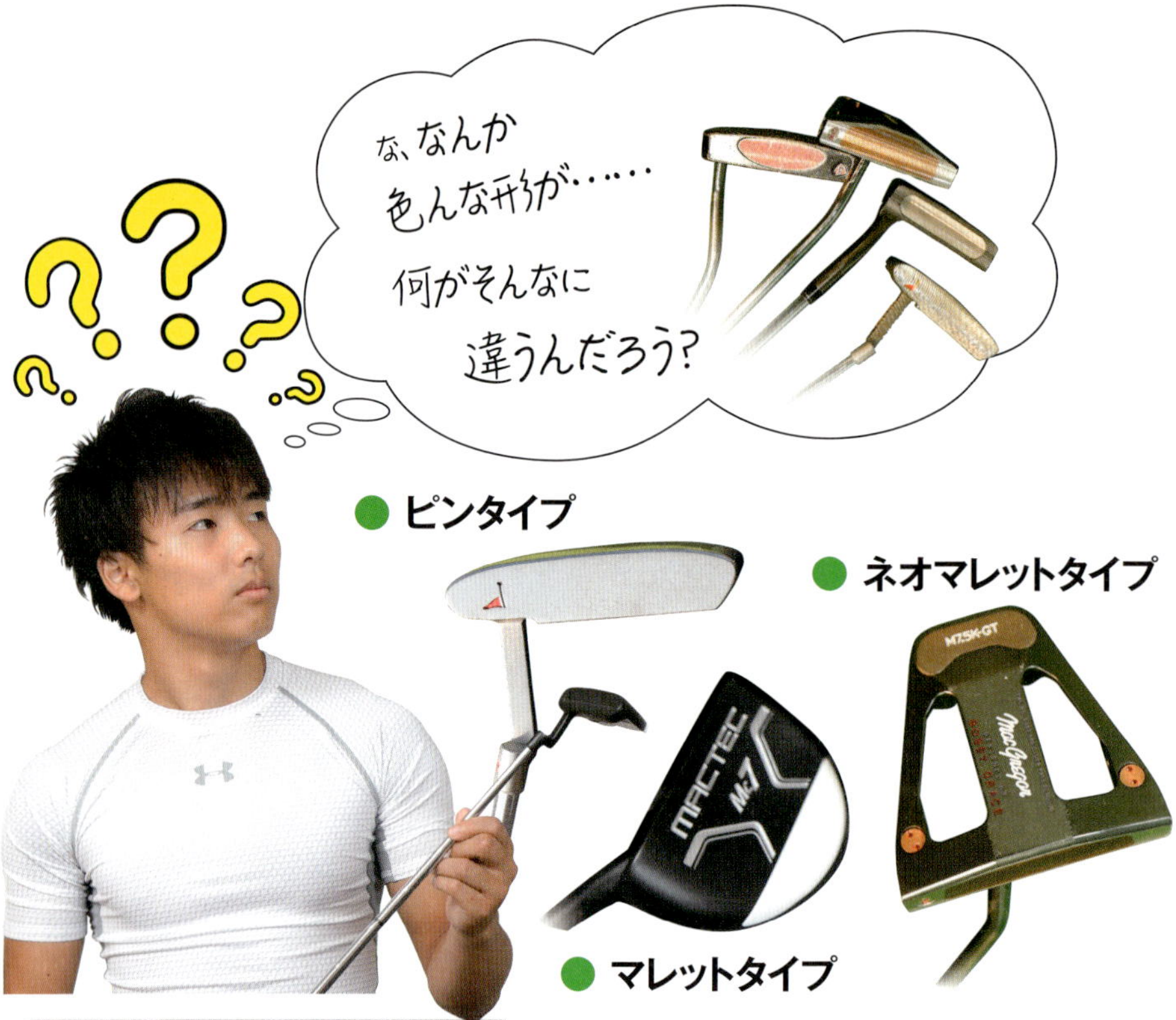
な、なんか
色んな形が……
何がそんなに
違うんだろう?
ピンタイプ
ネオマレットタイプ
マレットタイプ
MACTEC

初心者だから知っておきたい!

もっとも繊細なクラブだけに種類も豊富!!

パターの特性と正しい選び方

ひとことでパターと言っても、その種類はさまざま。ゴルフを始めたばかりの人は、どんなものを選べばいいのかわからないことでしょう。

それもそのはず。今までさまざまな人が悩んだ挙げ句にこれだけの種類ができたのです。

パターの種類は、ヘッドの「大きいもの」と「小さなもの」の2種類に大きく分けることができます。

ヘッドが大きければ、そのぶんヘッドも重く、振り下ろしたときにボールを押し出す力が得られます。つまり、ストロークの振り幅だけでボールが転がる距離を調整しやすくなります。

ヘッドが小さなものは「打感」が得やすいのが特徴です。

初心者の場合、ヘッドが少し大きめの「マレットタイプ」と呼ばれるパターから試してみるといいでしょう。ある程度、ストロークが打てるようになってきたら、自分の好みに合わせていろいろなタイプを試すといいでしょう。

パターにもロフトがついている!?
自分のパターの特性を知っておこう

他のクラブと同様に、パターにもスイートエリアがある。このスイートエリアにボールを当てることで、スムーズにボールを転がすことができる。

通常、構えたときにどこに当てればよいかが分かるように、ヘッドの上側に線が入っているが、フェースのいろいろな部分でボールを弾ませ、その違いを自分でも確認しておくことが大切だ。

また、一見、パターはフェースが地面に対して垂直に見えるが、実際は2～5°のロフトがついている。これは狙った方向に意図したスピードで打つためには、フェースがボールに当たる角度が3 ～4°のときが最適とされているからだ。

スイートスポット当たりにラインが入っているが、自分でも弾み方を確認しておくことが大切

パターのロフト

パターマットや硬い床ならボールが完全に浮いているのでロフトがなくてもかまわないが、グリーン上ではボールが芝に少し沈んでいるため、微妙なロフトが不可欠になる

ストロークの感覚が大きく変わる
「フェースバランス」って何!?

パターを水平に持ったときにフェースがどこを向くかで「フェースバランス」がわかる。フェースが真上を向いて水平になるのが「フェースバランスタイプ」、斜めもしくは下に向くのが「ノンフェースバランスタイプ」。

「フェースバランスタイプ」は、パターをまっすぐ引いて、まっすぐ下ろすだけで打てるため、初心者や女性ゴルファーに適している。

「ノンフェースバランスタイプ」はアイアンショット同様、フェースの回転運動を必要とするため、上級者向きといえる。

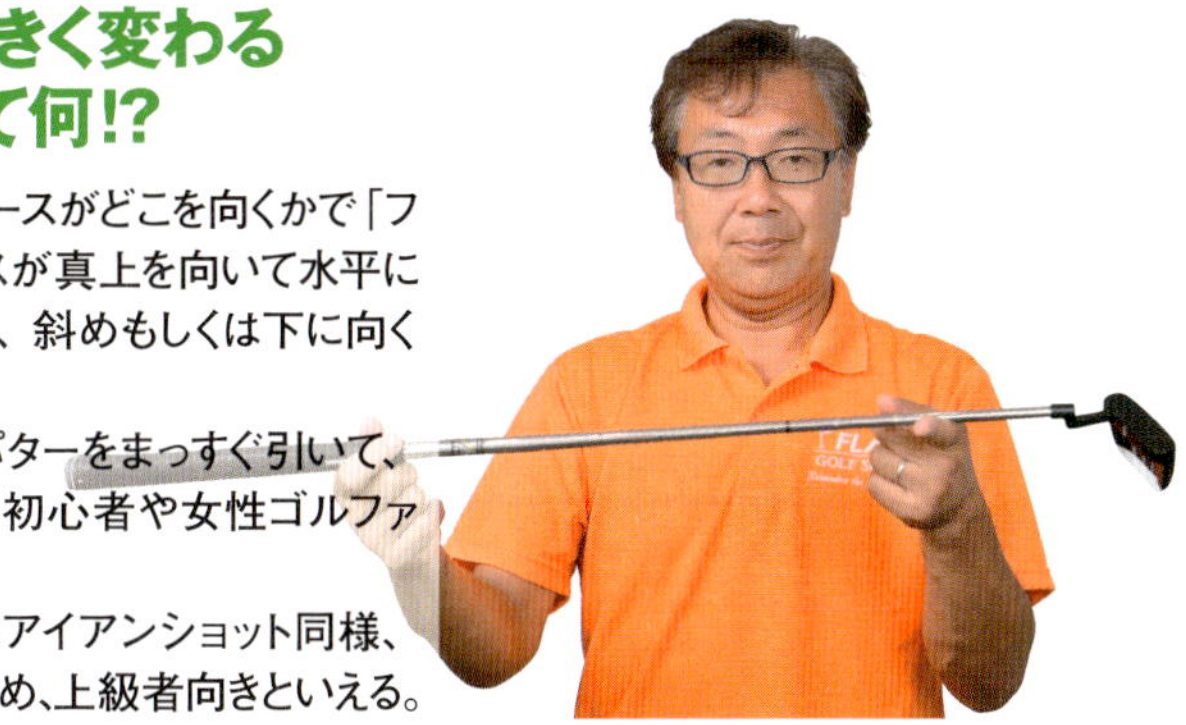

フェースバランスタイプ　　**ノンフェースバランスタイプ**

打感に左右されない安定性重視 ←

●マレットタイプ
●ネオマレットタイプ

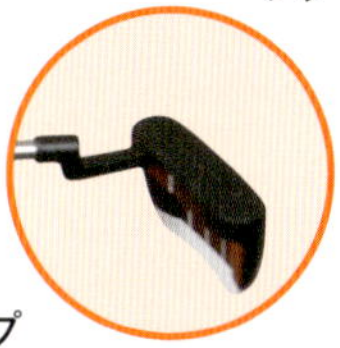

●ピンタイプ

→ より打感を重視する人向け

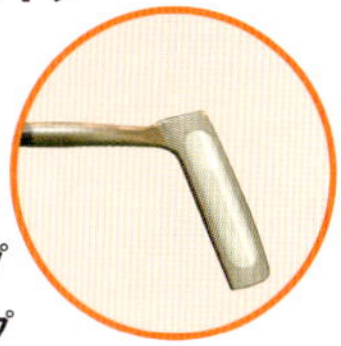

●L字タイプ
●T字タイプ

手にボールを乗せて転がす

NG 手首を使って転がす

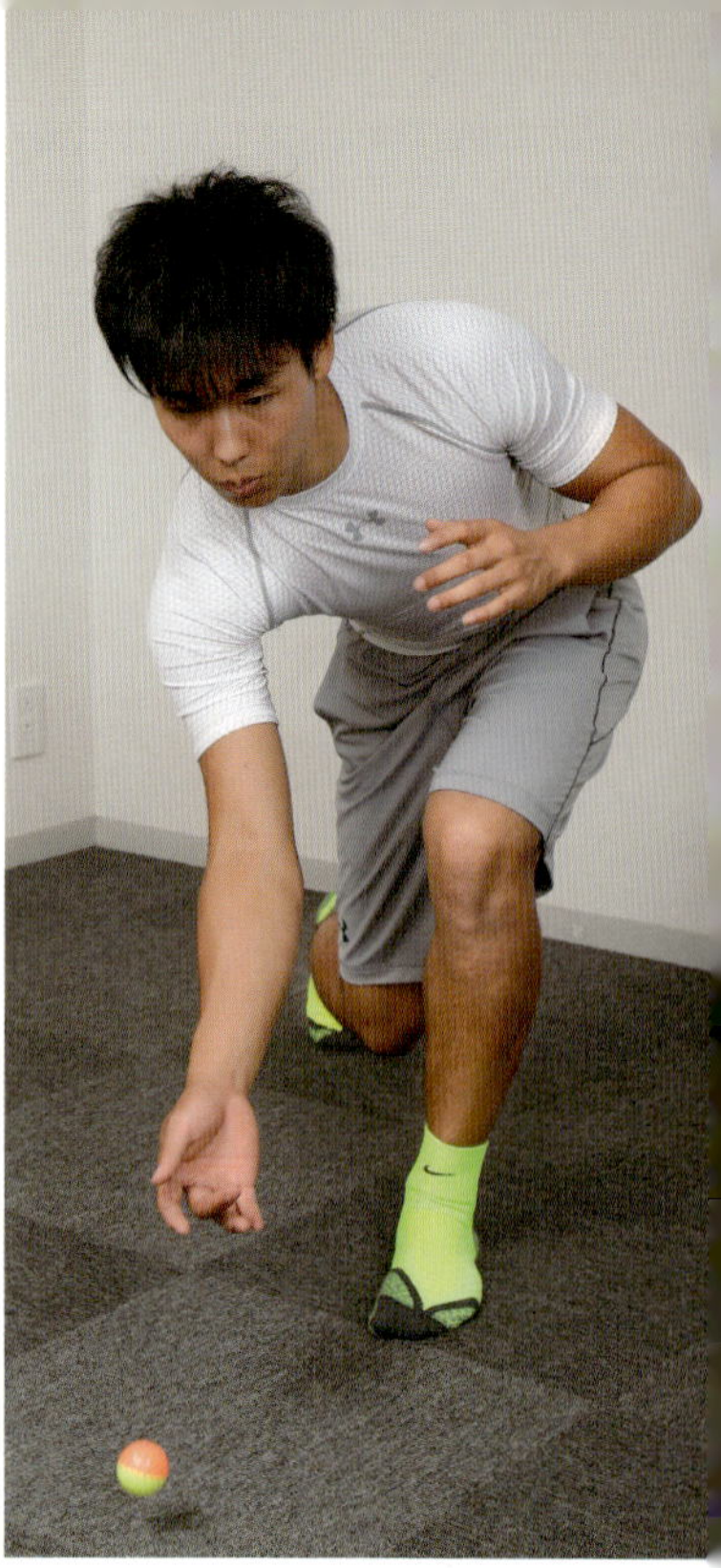

横向きでボールを転がすのがストロークでの右腕の使い方!!

ショットに比べて、誰でも比較的にかんたんにできるのがパッティングです。ボールにコツンと当てるだけで、ボールは転がりますが、それだけでは精度が安定しません。

実際にパターでボールを打つ前に、パッティングの感覚を身につけておくことで、悪い癖がつきにくくなり、上達が早まります。

最初に前向きで転がし、腕と体の使い方に慣れてきたら、目標に対して横を向いて腕を振ってみましょう。この横向き姿勢のボール転がしこそ、パッティングのストローク動作です。

ボールを転がすときに気をつけたいのが、ボールの持ち方です。ボールをギュッと握らずに指先に乗せて、体の動きに合わせて腕を振ります。

ボールを握って持つと、利き手で器用に方向や強さを調節してしまいます。この「手先の動き」がストロークの大敵です。重心移動と腕の振りを同調させてしっかり転がしましょう。

横向きの姿勢で真横にまっすぐ転がすのがストロークの右手の使い方

横向きでボールを転がすのが、ストローク動作での「正しい右腕の動かし方」。指先にボールを乗せて、下半身をロックせずに、小さな重心移動に合わせて腕を振り子のように動かす。転がる距離は腕の振り幅で調節しなければならない。

ココで差が出る！ ゴルフのセンス

見落としがちな あるある注意点

器用な右手が邪魔をすることでストロークの軌道が乱れる!!

ストローク動作の邪魔をする原因のほとんどは利き手の動き。器用な利き手でボールをコントロールしようとして軌道が乱れたり、ボールを弾きにいってしまう。

NG 引っかける

カップが気になって上体が開く人はインパクトで引っかけやすい

NG 手打ちになる

手首を使ってしまう人は振り幅でなく、インパクトの強さで調整してしまいがち

動画でCheck! ボールを転がす

URL 一連の動きを動画でチェックしよう
https://www.youtube.com/watch?v=jOQUqvXXRRY

●前向き
●横向き

自分の目線から見たストレートゾーン

横から見たヘッドの動き

ストロークアドレス 2

あなたは2タイプ「三角形派？」or「五角形派？」

ストロークの目的は、ショットのときと同様に、体の正面のストレートゾーンでクラブを自分から見てまっすぐに動かすことです。

ストロークの動きの基本も振り子のような円運動ですが、自分の目線からは、体の正面でヘッドがまっすぐに移動して見えます。

通常、14本のクラブのなかで、パターはもっともシャフトが短いため、ヘッドをソールさせたときに、前傾が深くなって目がボールの上になります。そのぶん、スイングプレーンは垂直に近づきます。

アイアンやドライバーのショットと同様に構えるのもいいですが、「縦振り」に近づくことで感覚がブレるようであれば、腕と肩で五角形をつくるように両ひじを少し外側に張ることで、振り子の動きを意識しやすくなります。

スイングと同様に肩と腕の「三角形」を意識するか、「五角形」にするか、自分の打ちやすい方法を選択しましょう。

三角形で力んでしまう場合は両ひじを曲げて「五角形」を崩さずにストロークする

両腕を伸ばしたままのアドレスでは、力んで動きがぎこちなくなってしまう場合は、両ひじを少し曲げて、肩のラインと腕で「五角形」をつくるのが効果的。その「五角形」を崩さずに振り子の動きでボールを打つようにしよう。

三角形

五角形

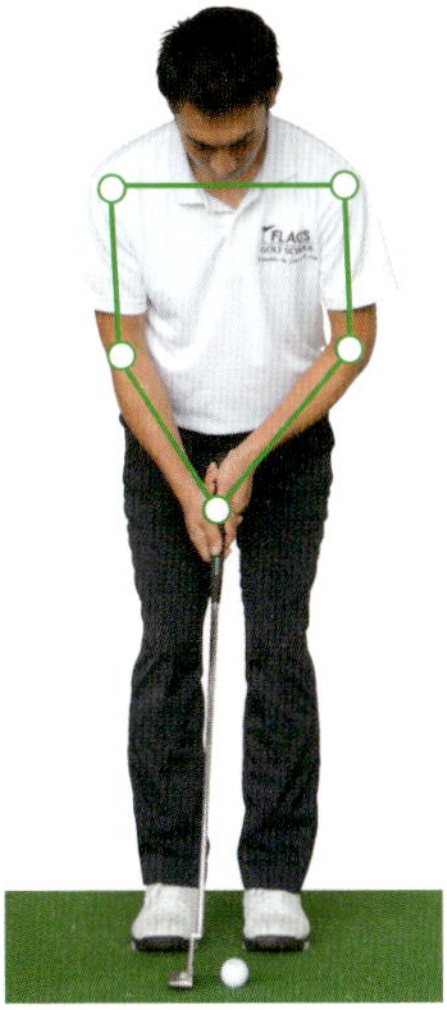

ボールを真上から見るとブレにくい

見落としがちな

あるある注意点

カップの位置を確認するときにアドレスの姿勢が乱れる!?

最初に正しく構えたとしても、目標とするカップがすぐ近くにあるため、カップの位置を気にすることで、アドレスの姿勢が乱れやすくなる。

カップを見るときは、両目が水平になるように上体をスッと起こし、確認を終えたらカップを気にせずに正しい姿勢に戻すことが大切。

NG 首を傾げて確認

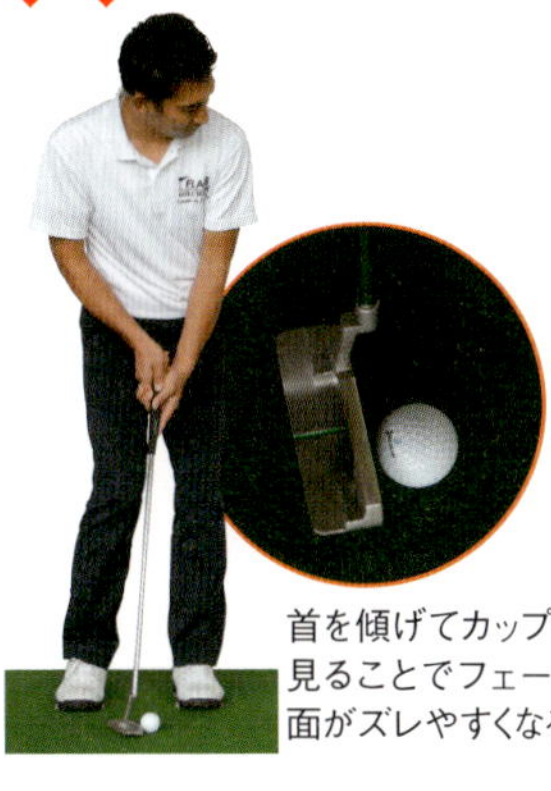

首を傾げてカップを見ることでフェース面がズレやすくなる

上体を起こして確認

上体をスッと起こして確認してからボールに目線を落として構える

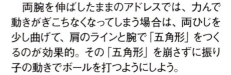

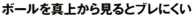

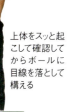

ロングストローク

●手もとが腰～腰の幅

ショートストローク

●手もとがひざ～ひざの幅

インパクトの強さでなく振り幅で距離を調節しよう!!

ゴルフ初心者であっても、パッティングの距離をもっともかんたんに調節できるのが「振り幅」です。

たとえば、手もとが自分のひざからひざの幅でストロークしたときに、どの程度ボールが転がるかを基準に、カップまでの距離に合わせて振り幅を広げていくと、距離の調整がかんたんになります。

それとは逆に、ボールをパチンと弾いて、インパクトの強さや打感で調整しようとすると、その日の感覚やコンディションに左右され、なかなか思い通りに打つのが難しくなります。

コースに出ると、グリーンの芝によって転がる距離が変わります。また、湿った芝は転がりにくく、冬場の朝など凍っているとよく転がるなど、芝のコンディションにも影響されます。

そんなときに、自分の基準となる振り幅があれば距離の目安になります。2種類程度の振り幅で、自分の基準となる距離をつくっておきましょう。

見落としがちな

あるある注意点

意外とあるパッティングの「ダフり」、「トップ」、「引っかけ」

ショートストロークのような小さな動きのなかでも、トップ、ダフり、引っかけなどが起きていることが多い。カップに入れたいという気持ちが、アドレスや動作の乱れに現れ、正しくインパクトできなくなってしまうのだ。

NG 上体が開く

カップの意識が強く上体の開きが早いと右肩が突っ込んでダフりやすい

NG ヘッドアップ

打ち出しが気になってインパクトでヘッドアップするとトップする

NG 手首を使う

インパクトの強さで調節しようとするとインパクトが安定しない

インパクトでなく「振り子」の動きを意識できるようになるためのストロークドリル

ストロークでの体の使い方が今ひとつ分からない人は、ドリルを通じて、正しい体の使い方をおぼえておこう。まずペットボトルストロークで体の使い方をおぼえ、手のひらストロークで振り子の感覚をつかむことができる。

ペットボトルストローク

2リットルのペットボトルに水を半分入れ、両手で左右から挟むようにペットボトルを持って、左右にぶらぶら振る

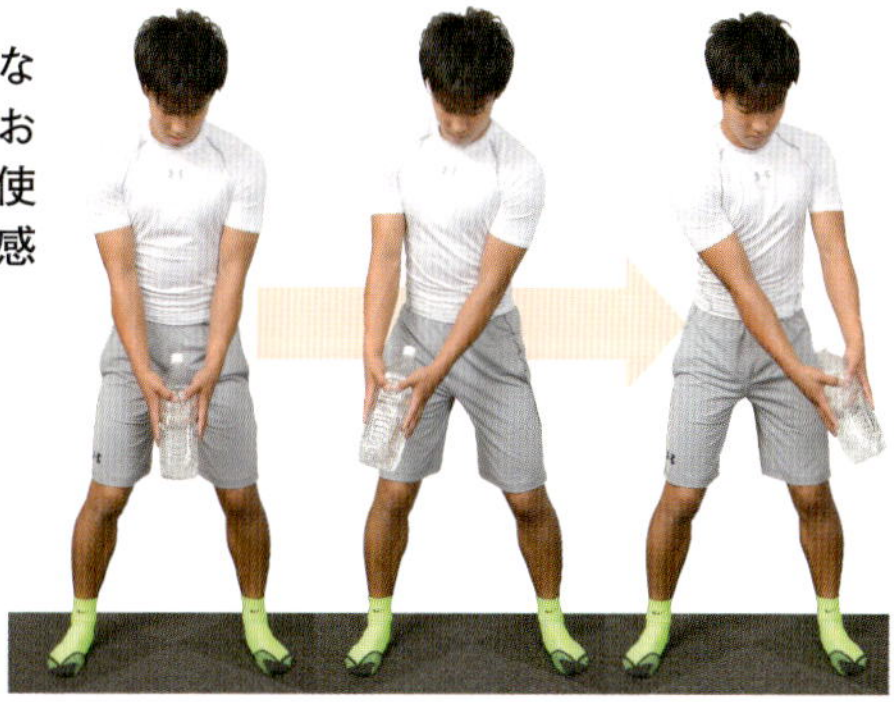

手のひらストローク

グリップを握らずに中指をグリップに沿わせるように、両手でグリップを挟み込んでストローク練習を行う

動画でCheck! ストローク

URL 一連の動きを動画でチェックしよう

https://www.youtube.com/watch?v=z-7fNBQsGfs

●ショートストローク
●ロングストローク

ピッチ&ラン

グリーンまで少し距離があるときに使われるアプローチショット。ヘッドの軌道は通常のスイングを小さくしたものと同じになる。

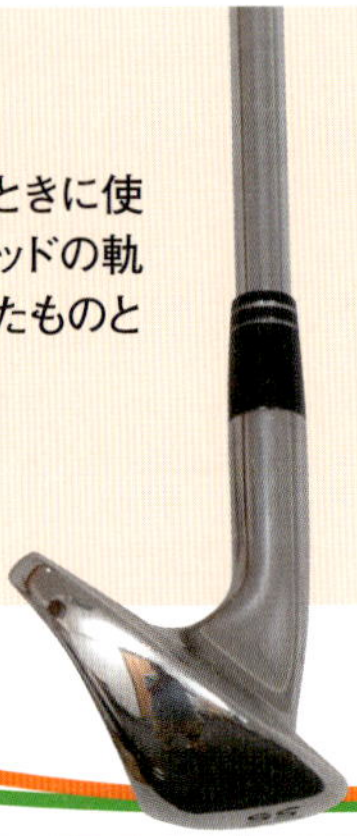

ランニングアプローチ

比較的グリーンに近いところから使われるアプローチショット。ヘッドの軌道はストロークに近く、ピッチショットに比べると、ボールの横からのインパクトになる。

ピッチ&ランとランニングの2種類を使い分けよう!!

グリーンに乗せるためのショットを「アプローチ」と呼びます。アプローチショットは、「ピッチ&ラン」と「ランニングアプローチ」の2種類に大きく分けることができます。

ピッチ&ランは、ハーフショットと同様に、フルスイングより小さなスイングでボールを上げるショットです。振り幅や使うクラブの番手により、上がり方や飛距離（キャリー）、地面に落ちてからの転がる距離（ラン）は変わります。グリーンまで少し距離があったり、グリーンとの間にバンカーや川（クリーク）などがあったり、高くなっているグリーン（砲台グリーン）のときなどに有効なショットです。

一方、ランニングアプローチは、その名の通り、転がして寄せるアプローチショットです。スイングはパターのストロークに近く、ヘッドの軌道もピッチ&ランのときよりゆるやかになります。

状況に合わせて、この2種類を使い分けられるようにしておきましょう。

ボールの上がり方や転がり方は使用クラブのロフトで決まる

　ピッチ&ランはランニングアプローチに比べてクラブが上から落ちてくるぶんインパクトが強く、ボールが上がりやすくなる。

　しかし、どちらのショットの場合も、ボールの上がり方は使用クラブのロフトで決まる。ロフトが大きいほどボールが上がり、ロフトが小さいほど打ち出しが低くランが出るようになる。

　ピッチ&ランとランニングアプローチのそれぞれのショットで、基準となるいくつかの振り幅で、クラブを替えてボールの飛び方やキャリーとランの比率をチェックしておくことが大切だ。

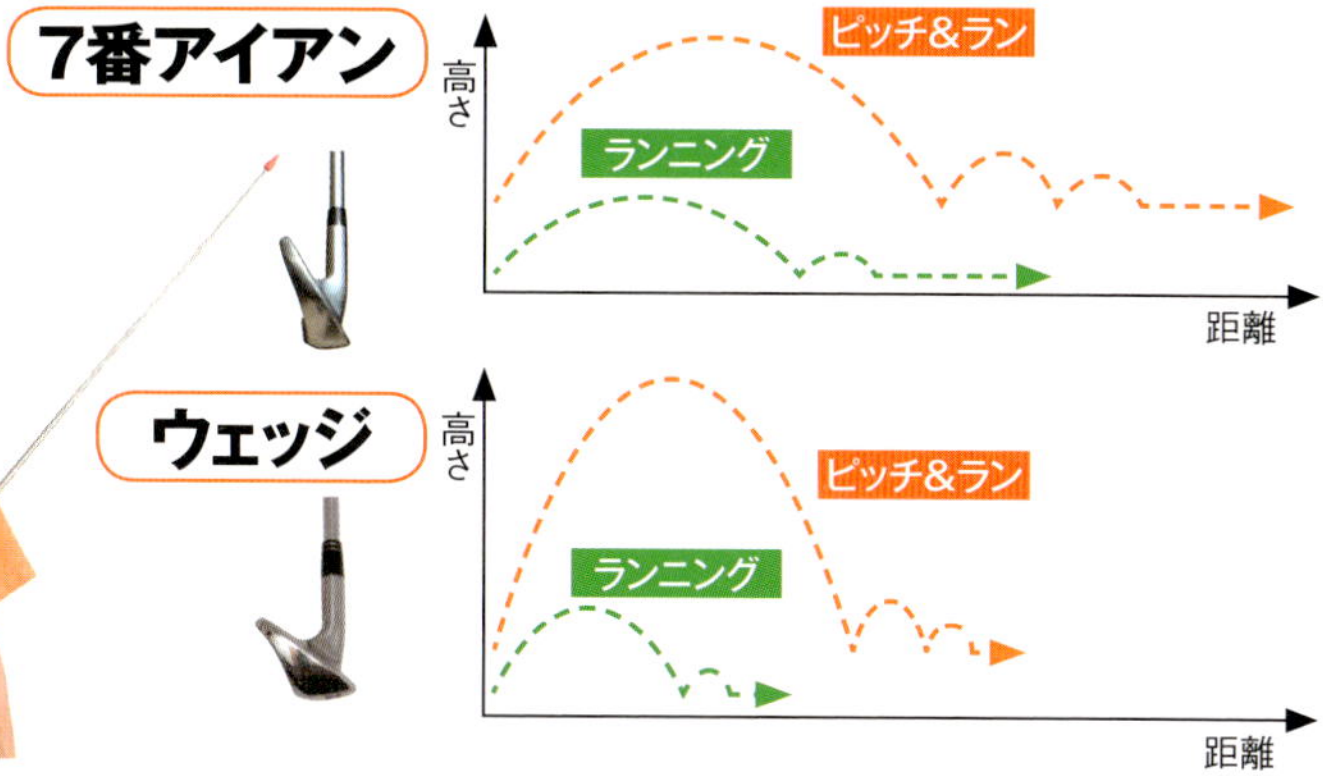

2種類のアプローチをマスターしておけばどんな状況にも対応できる

　グリーンまで距離があったり障害物があるときはピッチ&ラン。落ちてから転がる距離はクラブで調節。

　ランニングでもグリーンまでの距離、エッジからカップまでの距離に応じてクラブを替えて打てるように練習しておこう。

●ピッチ&ラン

　スイングのイメージはハーフショット。体が回しにくいなら狭めのスタンス、回りすぎるなら通常のスタンスでかまわない。

●ランニングアプローチ

　パターのストロークと同じイメージでクラブを短く持って打つのがポイント。

目標が近いことで起こるアドレスやスイングの乱れ

NG 上体が開く

ピンを意識しすぎるとアドレスやインパクトで上体が開いてしまう

NG ヘッドアップ

インパクトのときにヘッドアップするとトップしやすくなる

アプローチは目標が近いぶん姿勢や軌道が乱れやすい!!

パッティングほどではないものの、アプローチの場合も、ちょっと目線を上げれば、目標となるピンが目に入ってしまいます。打つ前からピンが気になってアドレスが乱れたり、打ったボールが気になって体が早く開いたり、ヘッドアップしやすくなります。

体が開いたりヘッドアップすると、インパクトで引っかけたり、トップしてホームランになってしまうことが多くなります。

また、ボールを上げたい気持ちが強くなると、手打ちになります。グリーン周りはラフや傾斜になっていることも多く、ボールを下からすくい上げるような打ち方になると、ザックリとダフってしまいます。

アプローチのような小さなスイングのときこそ、重心移動をしっかり行うことが大切です。スタンスを狭くすることで体を使いやすくなります。それとは逆に、体を使いすぎてしまう人はスタンスを広めにとるといいでしょう。

小さな振り幅でも重心移動と体幹の動きでスイングするからショットが安定する!!

フルスイングでなくても、腕の振りに合わせた重心移動や体幹の動きでスイングするからショットが安定する。体幹や重心移動が使えないと腕の力に頼ったスイングになり、振り幅やインパクトの強さもコントロールできなくなる。

NG

小さなスイングだと手打ちになりやすい

少しスタンスを狭くすることで体が使いやすくなる

体を使えない人は重心のバランスが崩れないように、スタンスを狭めてみよう。上体の動きに合わせた自然な重心移動ができるようになる。

動画でCheck! **ピッチ&ラン**

URL 一連の動きを動画でチェックしよう
https://www.youtube.com/watch?v=QFslypgaD08

フェースに「当てる」のでなく ボールが「乗る」感覚を持つ!!

ショットのときはもちろん、アプローチのときこそ、フェースに当てるのでなく、スイングをした結果、フェースにボールが乗るという感覚を持つことが大切です。この感覚が身についていないと、ミスショットが起こりやすくなるのがアプローチです。

体幹が使えずに手打ちになってしまう人、体を使いすぎてインパクトが安定しない人、無意識に手首を使って飛ばしたくなる人は、ドリルを通じて正しい感覚に磨きをかけましょう。

①重心移動ができずに体幹を使えない人には両足を揃えた「気をつけドリル」、②体が回りすぎてショットが安定しない人には「どっしりドリル」、③手首をこねてしまう人には「クロスハンドドリル」がそれぞれ有効です。

ドリルを通じて正しい感覚が身についてから、通常のスイングに戻すといいでしょう。もちろん、ドリルと同じスタンスやグリップでラウンドしても問題ありません。

1 気をつけドリル

2 どっしりドリル

3 クロスハンドドリル

ランニングアプローチ動作はパッティングストロークと同じ

ランニングアプローチの体の使い方は、パッティングのストローク動作と同じです。もし、パッティングのときに「五角形」のフォームであれば、ランニングアプローチでも同じフォームにすることで、パターと同じ感覚でボールを打つことができます。

ピッチ&ランのときと同様に、飛び方やキャリーとランの比率はクラブを替えることで調整できます。

フォームもパッティングのストロークと同じで、飛距離を出すためのショットではないため、クラブを長く持つ必要はありません。必要に応じてクラブを短く持って、できるだけパターと同じ感覚でストロークすることが大切です。

パターよりクラブのロフトが大きくなるぶん、パッティングのような打感は得られませんが、番手と振り幅でどのような打ち出しで、どの程度転がるかを確認し、状況に応じた正しいクラブ選択をすることが大切です。

●ランニングアプローチ(正面)

●ランニングアプローチ(後方)

動画でCheck! **ランニングアプローチ**

URL 一連の動きを動画でチェックしよう

https://www.youtube.com/watch?v=tYDXMjXLpE4

大きなボールならかんたんに
ボールの下にエッジが通る!!

アプローチのときにダフりやすくなる原因のひとつが、ボールに集中する気持ちにあります。

それほど距離のないところから寄せようとしたときに、トップすると、強く打ち出されて大きくグリーンをオーバーしてしまいます。一度でもそんな経験があると、ボールの下にリーディングエッジを通したい気持ちが強くなるものです。そこで狙ってしまうのが、ボールと地面が接している狭いすき間。

しかし、そんなわずか数ミリのところにヘッドを通すのは、初心者には至難の業です。実際は、ボールの真ん中より下にリーディングエッジが入れば、ボールはフェースに乗って上がります。

ゴルフボールの直径は約４・３センチと考えると、２センチちょっとのすき間となります。それでも、まだ感覚的に狭く感じてしまう人は、テニスボールなどの大きなボールで練習することで、すき間に対する意識がなくなり、スイングに集中できるようになります。

●ピッチ&ラン

通常の小さなスイングでテニスボールを打ってみよう。小さな振り幅であれば室内でも練習できる。

●ランニングアプローチ

パッティングのストロークと同じフォームでボールを転がしてみよう。

ラウンド前の初心者でもこれだけは知っておきたい!!

ゴルフのルール

コースデビューするに当たって、最低限のルールを知っておくことが大切!!
罰打が加算されたり、罰打が必要かどうかわからない状況と対処法を理解しておこう。

ティグランドのルール

無罰

●同伴者にコースレイアウトなどを聞く	コースレイアウトはルールにはないのでアドバイスを受けたことにはならない
●同伴者のバッグを覗いて使用クラブを見る	ただ見ただけではアドバイスを受けたことにはならないのでそのまま続行する
●アドレス後にティからボールが落ちた	ボールを打つ意思がないので、もう一度ティアップしてそのまま続行する
●空振りしたがティからボールが落ちなかった	空振りを1打と計算して、ティアップしたまま続行する
●途中で止めたクラブにボールが当たった	ストロークとはならないので、そこからプレーを続行する
●打順を間違えて打ってしまった	そのまま続行する。打ち直してしまうと「紛失球」と同じ扱いになって2打罰となってしまう
●スタンスなど、体の一部がティ区域外に出ていた	ボールの位置がティ区域内であれば問題ない

1打罰

●空振りでティから落ちたボールをティアップして打った	空振りの1打に罰打を加えてそのまま続行する
●OBだと思って「暫定球」を告げずに打った	何も言わずに打ち直してしまうと、最初のボールは「紛失球」の扱いになる

2打罰

●同伴者が打ったクラブの番手を聞いた	「アドバイス」となるため教えた人にも2打罰を加えて、そのまま続行する
●間違えてレディスティから打った	正しいティグランドから第3打目として打ち直す
●同伴者のクラブで打った	自分の14本のクラブ以外は使用禁止。間違いであっても、その後に「不使用宣言」をしなければ失格となる
●スイングに邪魔な小枝を折って打った	2打罰を加えてそのまま続行する。ボールを打つ前に移動するのはOK
●ティ区域外から打ってOBになった	OBではなくティ区域外からのショットとして罰打を加え、正しい位置から打ち直す
●足もとにクラブを置いて打った	打つ前にクラブをどければ罰打なし

3打罰

●池に入ったと思ってドロップして打った	池ポチャの場合は本来、打った位置に戻って1打罰を加えて打ち直す

4打罰

●気づいたらバッグにクラブが15本入っていた	1ホール目に気づいたら2打罰。以降4打罰になる。発覚後に「不使用宣言」をしなければ失格となる

失格

●ティマーカーの位置を変えた	向きがおかしくても勝手に変えるのは禁止されているので失格となる

スルーザグリーンのルール

無罰

●何ヤードを示す杭かを同伴者に聞いた	杭の位置はルール上決まっているものなので、聞いてもアドバイスにはならない
●アドレスしたらクラブが当たってボールが揺れた	転がらずに元の位置に戻ったのであれば罰打は不要
●樹木の支柱内に入って打てない	人工物で打てなくなった場合、適切にドロップして打つ
●カート道路などの舗装地に入って打てない	人工物で打てなくなった場合、適切にドロップして打つ
●金網の手前でスイングできない	人工物で打てなくなった場合、適切にドロップして打つ
●池表示の杭の手前に接してボールが止まった	杭が抜けるようならハザード内のルールで抜いて打つことができる。抜けないなら、そのまま続行
●スタンスがOB側に入っていた	ボール位置がOBでなければ問題ない
●近くに他の人のボールがあって打てない	マークして拾い上げて打つことができる。ハザード内でも同様の措置ができる
●間違えて同伴者のボールを拾い上げてしまった	もとの位置にリプレースしてプレーを続行できる
●泥などで誰のボールか確認できない	同伴者に告知してから確認してプレーできる。必要以上に泥を落とすと1打罰になる
●ボールに傷がついて交換したい	明らかに切れたり変形している場合のみ、別のボールをリプレースできる
●紛失球だと思ったらカップインしていた	最初のボールがカップインした時点でホールアウトしているので問題なし
●救済措置で3回ドロップした	リプレースしたボールをドロップしてしまったので2回目のドロップ位置近くに置く
●ドロップしたボールが体に当たった	再度ドロップしてプレーを続行する

1打罰

●木の根もとに止まって打てない	自然物によって打てなくなった場合は「アンプレヤブル」を宣言して1打罰でリプレースする
●横の小枝を拾い上げたらボールが動いた	1打罰を加えて元の位置に戻して続行する
●アドレス後にボールが動いてしまった	ボール位置が変わってしまった場合は、1打罰を加えて元の位置に戻して続行する
●素振りがボールに当たって動いてしまった	ボール位置が変わってしまった場合は、1打罰を加えて元の位置に戻して続行する
●浮いたボールを2度打ちしてしまった	誤って当たったぶんも打数に加えて、そのまま続行する
●マーシャルのカートに当たってOB区域に入った	局外者に当たった場合は、そのままプレーを続行。OBであれば元の位置から打ち直し
●同伴者のボールと区別がつかない	5分以内に区別がつかない場合、2人とも元の位置に戻って打ち直す
●暫定球を打ったが、あとで見つかった	暫定球を打った時点でインプレーになる。最初のボールは「紛失球」の扱いになる
●ラフなどで間違えてボールを蹴ってしまった	もとの位置にリプレースしてプレーを続行。同伴者のボールであれば無罰で元の位置に戻す
●泥のついたボールを拾って拭いた	勝手に拾い上げると1打罰。元の位置に戻して続行
●ゴミがボールに引っかかっていたのでドロップした	ゴミを取り除くだけなら無罰。ドロップしてしまったらリプレースの義務が生じる
●ドロップしたボールが元の位置に戻った	そのまま続行。打てなければ再度「アンプレヤブル」を宣告して1打罰が加わる

スルーザグリーンのルール

2打罰

●「○番で打っておけばよかった…」と同伴者に言った	つぶやいたのであればセーフだが、明らかに言ったのであれば罰打を加えて続行する
●バックスイングで小枝が折れた	スイングを途中でやめたら打罰を加えて続行。スイングを止めずに打っていれば無罰
●枝が邪魔だったので他の枝に絡ませて打った	意図的な区域の改善として2打罰を加えてそのまま続行する
●同伴者のボールを打ってしまった	2打罰を加えて自分のボールを打つ。同伴者のボールは元の位置に戻して続行する
●ボール後方の芝をならしてから打った	ライの改善として2打罰を加えてそのまま続行する
●最初のボールを放棄して暫定球でプレーを続けた	正しいボールで改めてプレーし直す。正さずに次のホールまで行ってしまうと失格になる
●踏みならした芝の上にドロップした	ライの改善として2打罰を加えてそのまま続行する
●共用カートに当たってフェアウェーに戻った	プレーヤーの携帯品とみなされ2打罰を加えてそのままプレーする
●木にはね返ったボールが自分に当たった	プレーヤーの体も携帯品とみなされ2打罰を加えてそのままプレーする
●OB杭が邪魔なので抜いてから打った	固定物の移動は禁止。2打罰を加えて続行する
●識別できない木の上のボールをゆすって落とした	自分のボールであれば「アヌプレ破る」を宣告すれば1打罰になる

3打罰

●ボールが見当たらないので2打罰を加えてドロップして打った	3打罰を加えて最初の打球を打った位置に戻ってプレーする

ウォーターハザードのルール

無罰

●池の水が枯れていたのでそのまま打った	ハザード内なので打つ前にクラブが地面に触れなければ無罰
●池からあふれた水にボールが入った	カジュアルウォーターとして1クラブレングス内にドロップして無罰で続行できる
●ハザード内の草にクラブが触れた	ウオーターハザードでは水に触れなければ無罰
●ボール近くのゴミをとり除いた	ハザード内でも動かせる障害物はとり除くことができるので、無罰で続行する

1打罰

●グリーンの奥から打ったボールが池に落ちた	打った地点、もしくは最後に横切ったハザードの境界線にドロップする
●水のない池のボールを拾い上げた	ハザード内でボールを拾い上げるのはNG。1打罰を加え、リプレースして続行する
●池の向こう岸に当たってボールが落ちた	打った地点、もしくは最後に横切ったハザードの境界線後方にドロップする
●池に入ったと思って別のボールを打った後に最初のボールが見つかった	打った時点で最初のボールは紛失球となるため、1打罰を加えてそのまま続行する

3打罰

●ボール近くの小枝をとり除いた	ライの改善として2打罰を加えてそのまま続行する

バンカーのルール

無罰

●間違って同伴者のボールを打った	ハザード内なので打つ前にクラブが地面に触れなければ無罰
●同伴者のショットでボールにかかった砂をはらった	カジュアルウォーターとして1クラブレングス内にドロップして無罰で続行できる
●ボールにかぶさった枯れ葉をどけて確認した	ウオーターハザードでは水に触れなければ無罰
●ボールにかぶったゴミをとり除いた	ハザード内でも動かせる障害物はとり除くことができるので、無罰で続行する
●バンカー内にクラブを置いて打った	ライの改善やショットの確認とならなければOK
●レーキを動かしたらボールがバンカーに落ちた	レーキは動かせる障害物なのでリプレースできる
●バンカーのふちにあるボールにクラブが触れた	ボールはバンカー外なので、そのまま続行できる

1打罰

●バンカー内の水たまりにボールが入った	そのまま打てば無罰。ボールとカップを結んだ後方線上に救済を受けられる
●砂に足を埋めたらボールが動いた	1打罰を加えて元の位置に戻してプレーする
●芝と砂の間に埋まって打てなくなった	「アンプレヤブル」を宣告してリプレースする
●確認のためボールを拾い上げた	ハザード内の誤球は罰打はないが、拾い上げるのはNG。1打罰を加えて元の位置にリプレースする

2打罰

●ボールにかぶさった枯れ葉をどけて打った	ボールを探すとき以外は自然の障害物に触れるのはNG
●素振り、アドレス、テークバックでクラブが砂に触れた	バンカー内にボールがあるときにクラブが砂に触れるのはNG。2打罰を加えて続行する
●レーキをバンカー内に突き刺した	砂のチェックとみなされ、2打罰を加え、そのままプレーを続行する

グリーンのルール

無罰

●ボールとカップの間の砂をとり除いた	グリーン上では砂もとり除くことができる
●ボールマークを直してから打った	ボールマークと古いカップ跡は修繕できる。スパイク跡は修繕不可
●パターの裏側で打ってホールアウトした	ヘッドのどの部分で打ってもOK。かき出したり押し出すと2打罰になる

1打罰

●落としたマーカーがボールに当たって動いた	リプレースしてプレー続行。マークするときであれば無罰
●マークせずにボールを拾い上げた	ボールを拾い上げる前にかならずマークする必要がある
●「OK」でボールを拾い上げた	ストロークプレーはOKで終了しないため、リプレースして続行する

2打罰

●パットしたボールが同伴者のボールに当たった	2打罰を加えてプレーを続行。同伴者のボールはリプレースする
●ライン上のスパイク跡を踏んだ	ラインの修繕とみなされ2打罰を加えてプレーを続行する
●ライン上の芝をパターの底で押しつけた	ボールマークと古いカップ跡以外は修繕不可
●動かしたマーカーをリプレースせずに打ってしまった	ボールを打った時点で罰打が加えられるため、止まった地点からプレーを続行する

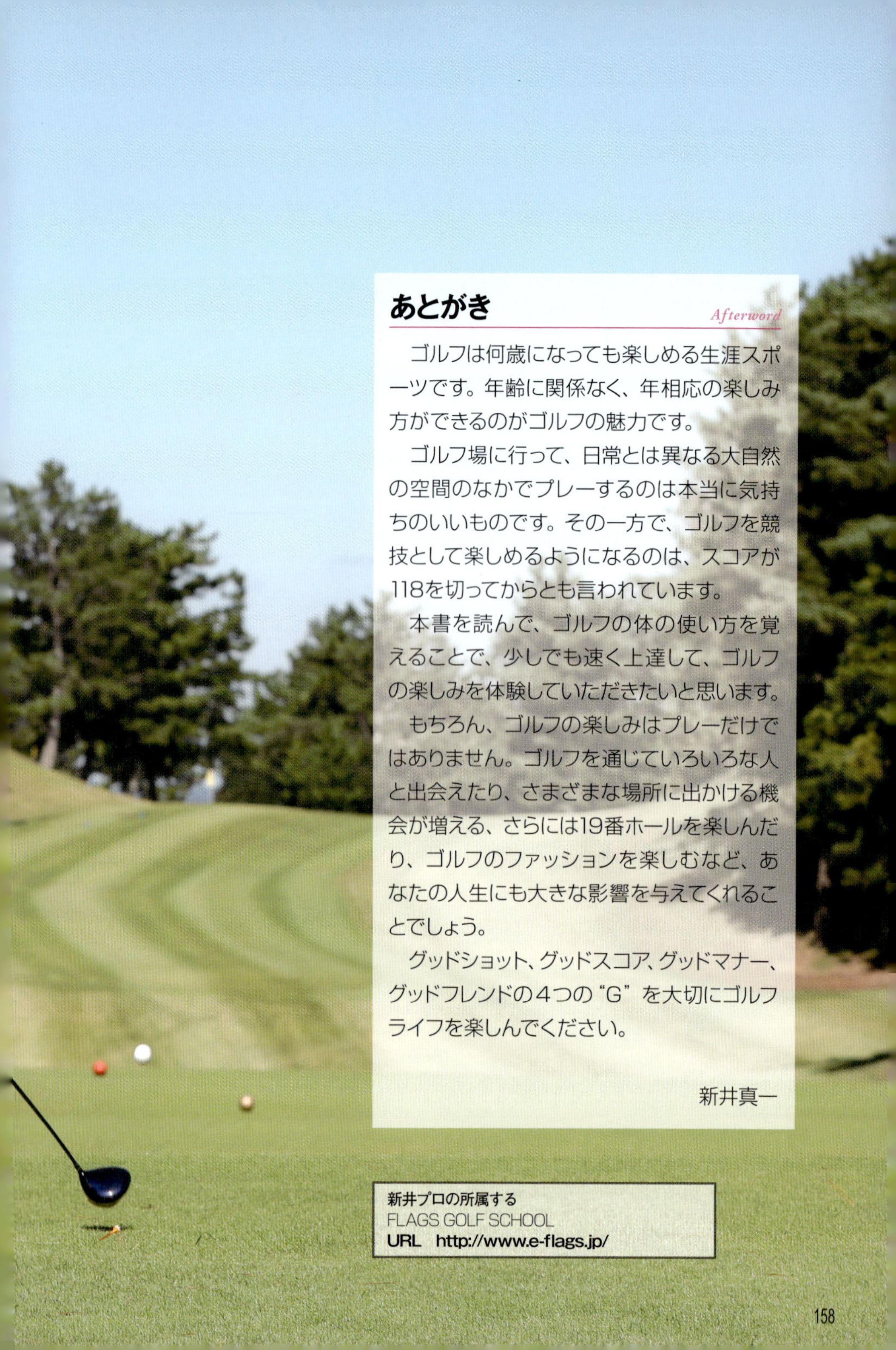

あとがき

Afterword

ゴルフは何歳になっても楽しめる生涯スポーツです。年齢に関係なく、年相応の楽しみ方ができるのがゴルフの魅力です。

ゴルフ場に行って、日常とは異なる大自然の空間のなかでプレーするのは本当に気持ちのいいものです。その一方で、ゴルフを競技として楽しめるようになるのは、スコアが118を切ってからとも言われています。

本書を読んで、ゴルフの体の使い方を覚えることで、少しでも速く上達して、ゴルフの楽しみを体験していただきたいと思います。

もちろん、ゴルフの楽しみはプレーだけではありません。ゴルフを通じていろいろな人と出会えたり、さまざまな場所に出かける機会が増える、さらには19番ホールを楽しんだり、ゴルフのファッションを楽しむなど、あなたの人生にも大きな影響を与えてくれることでしょう。

グッドショット、グッドスコア、グッドマナー、グッドフレンドの４つの“G”を大切にゴルフライフを楽しんでください。

新井真一

新井プロの所属する
FLAGS GOLF SCHOOL
URL　http://www.e-flags.jp/

Author

新井 真一

Shinichi Arai

1963年、東京都生まれ。日本プロゴルフ協会会員。FLAGS GOLF SCHOOL最高執行責任者。日本大学ゴルフ部出身。国内ツアーハーフ最小スコア28の記録保持者。プロとして様々な国内外ツアー経験、当時USPGAツアーで活躍していたカルロス・フランコ（現・USシニアツアー選手）のキャディ経験、初心者やジュニアから上級者まで数多くのレッスンをもとに独自の理論を確立して指導している

Models

目黒 義規

Yoshiki Meguro

1984年埼玉県出身。得意クラブはパター。一人でも多くの人にゴルフを楽しんでいただくことをモットーに、フラッグスゴルフスクール埼玉エリアでレッスンをしている

村上 優太郎

Yutaro Murakami

1997年神奈川県出身。スポーツ経験は豊富なもののゴルフに関しては練習場で数回打ったことがある程度の初心者。一日も早いコースデビューを目標に練習中

Special Thanks

白鳳カントリークラブ
アコーディア・ガーデン志津
マグレガーゴルフジャパン
フラッグスゴルフスクール

Staff

illustration 安ヶ平 正哉
photography 河野 大輔
design LA Associates
writing 権藤 海裕
editing Les Ateliers

Cool Golf　はじめてのゴルフレッスン

2018年２月15日　初版発行

著　者　新井真一
発行者　富永靖弘
印刷所　誠宏印刷株式会社

発行所　東京都台東区台東２丁目24　株式会社　新星出版社
〒110－0016　☎03（3831）0743

ISBN978-4-405-08221-2